Lina M. Ballester

EN ALAS DEL PENSAMIENTO

© del texto: Lina M. Ballester
Diseño de portada y maquetación: Lina M. Ballester
Imagen de portada obtenida en Canva.
Fotografías del banco de imágenes de Pexels y convertidas en ilustraciones por Lina M. Ballester.

Web: www.linamballester.es
e-mail: contacto@linamballester.es

Todos los derechos reservados. Quedan prohibidas, dentro de los límites establecidos por la ley y bajo las prevenciones legalmente previstas, la reproducción total o parcial de esta obra por cualquier medio o procedimiento, ya sea electrónico o mecánico, el tratamiento informático, el alquiler o cualquier forma de cesión de la obra sin autorización escrita de los titulares del copyright. Dirigirse a CEDRO (Centro Español de Derechos Reprográficos, www.cedro.org), si necesita fotocopiar o escanear algún fragmento de esta obra.
La publicación de esta obra puede estar sujeta a futuras correcciones y/o ampliaciones por parte de la autora.

Primera edición: octubre 2022.

ISBN: 9798356022272

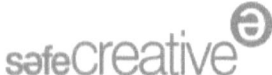

*No te rindas, por favor no cedas,
aunque el frío queme,
aunque el miedo muerda,
aunque el sol se esconda y se calle el viento,
aún hay fuego en tu alma,
aún hay vida en tus sueños.*

Mario Benedetti

Introducción

A lo largo de la historia, la poesía nos acompaña de la pluma de célebres autores que nos conmueven con sus palabras. Sentimientos, pesares y alegrías plasmadas en papel que son capaces de erizarnos la piel y de hacernos derramar lágrimas.

En tus manos tienes un poemario que muestra trocitos de mi vida durante cuatro décadas y que finalmente me he atrevido a recopilar para compartirlos.

Muchas de las poesías han sido provocadas por el despertar a la ilusión del amor que nos desborda los sentidos. Ay, el amor, ¿quién no recuerda el encuentro con el primer amor y su nube de felicidad que nos envuelve las emociones?

También reflejo su lado opuesto, el dolor por la pérdida de ese amor y por los seres queridos que nos abandonan en el camino de la vida. Del resurgir de nuevo del alma y confiar en vivir nuevos amores. Demuestro en palabras el poder de la resiliencia que todo ser humano posee.

Descubrirás poemas que surgen de inspiraciones espontáneas motivadas por una imaginación inquieta.

Como puedes suponer, este libro es algo íntimo y personal con el que espero transmitir sensaciones que resuenen contigo. Que te dejen esa evocación de confidencia que solo se entrega a quien se considera importante. Y tú, amigo-a lector-a, lo eres.

Lina M. Ballester

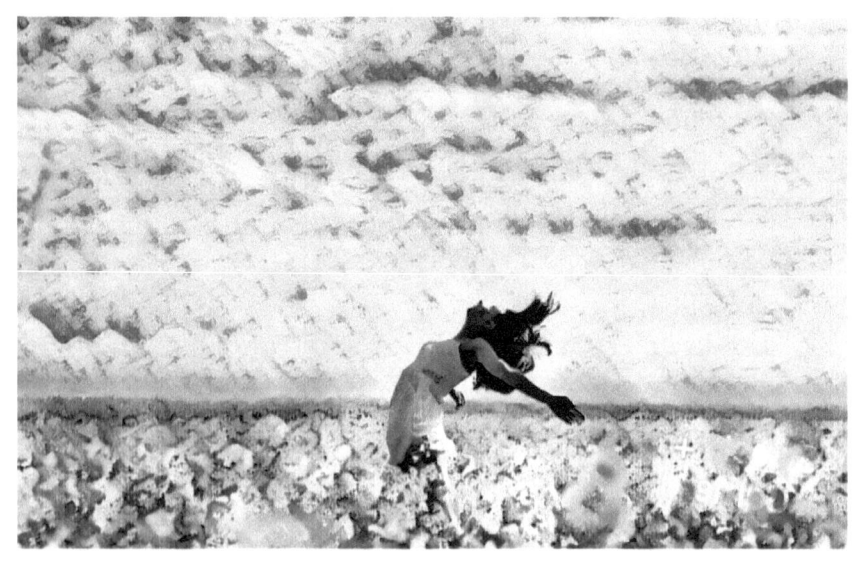

Dura fragilidad

Con los pies firmes en el suelo,
sintiendo el helor del pétreo mármol,
me inundo sin piedad del negro duelo,
abandonando la posibilidad de control.

Invades mi espacio de forma inesperada,
arremolinando fuerza etérea junto a mí.
Insuflando aliento de una vida colmada.
Soplando para alejar la pesadumbre de aquí.

Me acaricias suavemente la mejilla.
Te deslizas por el hueco de mi cuello.
Mi razón sigue ausente, sumida en una pesadilla,
mientras dejo que te enredes en mi cabello.

Sigues envolviendo el resto de mi ser.
Malvado intruso jugando con mis sentidos.
Quieres arrancarme suspiros de placer,
rozando con sensualidad lugares escondidos.

Eres un dulce y osado canalla,

que despierta mi fuego interno.

No sigas derrumbando esta muralla,

si no prometes que serás sempiterno.

(Poesía ganadora en el concurso Your Stories Market de mayo 2022)

Tu imagen

Tú nunca lo sabrás, pero voy detrás de ti.
Desde aquel día caminando con tu suave movimiento de caderas,
y el aleteo de tu pelo al apartarlo de tu cara,
soy tu prisionero sin necesidad de cadenas.

Un fino hilo de oro se tejió entre tú y yo.
Un hilo que recorro cuando me abate la soledad,
cuando me ahoga el silencio y el deseo,
cuando tengo que dominar mi falta de voluntad.

Soy consciente de lo peligroso que puede ser,
el poner todas mis esperanzas en ti.
Temerario al confiar mis ilusiones a un solo naipe,
pero no puedo ni quiero evitarlo, es superior a mí.

Espero ansioso para verte pasar cada día.
Mientras construyo mentalmente lo que te diría.
Imagino hasta qué punto anhelaré tu atención.
y tiemblo cual joven adolescente, pero lleno de ambición.

Torrente de palabras se agolpa para enlazar una frase sin juicios.
Una conversación que te haga caer rendida ante mí, desarmada de falsos estereotipos y artificios.
Se eriza mi piel con solo inventarte así.

Sacrificaré mis ganas por no enturbiar esta imagen tan preciada que guardo de ti.
Estoy convencido de que reuniré la valentía necesaria para salir de mi escondite y acercarme por fin.

Mientras tanto, ahí seguirás, en mi imaginación.
Mi dulce musa perdida entre los oscuros rincones de mi razón.

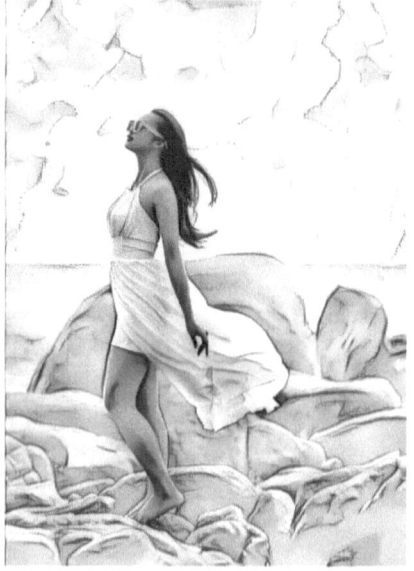

Ansiedad

Te colaste en mi vida sin avisar,
arrasando con ímpetu mi decisión,
quemando todos mis recursos para continuar,
colapsando mi mente y acelerando mi corazón.

Por una grieta de mi caparazón,
entró tu hiriente y helada posesión,
dominando mi férrea voluntad,
dejándome a la deriva flotando en ansiedad.

Hieres, golpeas, ahogas y robas mi entereza,
me conviertes en un árbol de otoño deshojado,
desvalido y desnudo ante el invierno que comienza,
luchando por no caer sobre el frío suelo mojado.

Te derrotaré odiada ansiedad,
de nuevo me levantaré,
y en el reflejo de la verdad,
ahora lo sé, venceré.

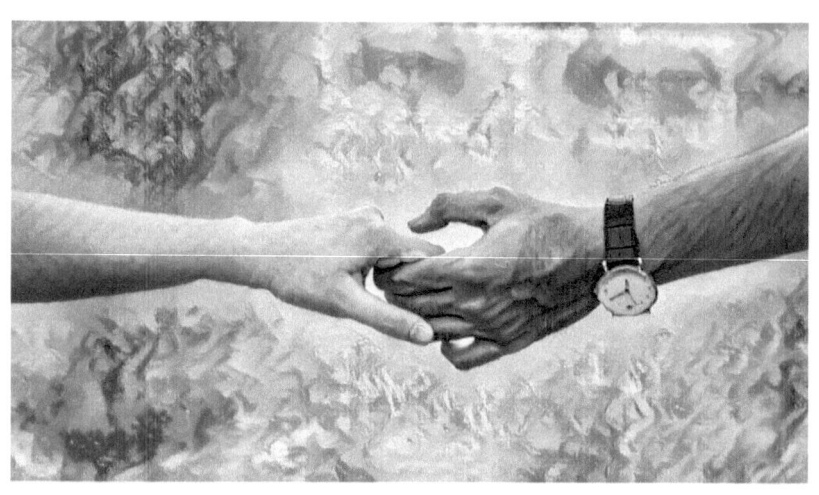

Destinados a no ser

Nos encontramos cuando estábamos perdidos, sin rumbo fijo.
Tú, en tu vereda llena de flores,
revoloteando para probar su néctar y buscando cobijo.
Yo en un largo y sombrío túnel sin vislumbrar nuevos albores.

El destino o la casualidad quiso que, cómo luciérnaga,
te acercaras alumbrando la senda que me podía llevar,
a tu bello jardín en el que sentirme de nuevo halagada,
embriagando mis sentidos con tu impetuosidad y forma de flirtear.

Nos cogimos de la mano y andamos un largo trayecto,
disfrutando del calor reconfortante del sol,
de la luna y su influjo hipnótico,
y del olor de las tormentas de otoño.

Parecía que nos gustaban las mismas cosas,
que reíamos por los mismos motivos.
Tú, músico loco, componías melodías,
para que me deshiciera colmándote con elogios.

Yo, romántica empedernida,
lo dejé todo por seguirte, por agradarte,
por hacerte y ser feliz en nuestra nueva vida.
No hice caso a la intuición y sus señales evidentes.

El tiempo, compañero implacable, fue el ingrediente,
que sazonó nuestras vidas de forma diferente.
Y como cualquier plato demasiado cocinado,
nuestro amor acabó tristemente quemado.

Ahora desde lejos, consigo ver con claridad,
que nunca estuvimos hechos para la eternidad.
El cuadro de nuestra vida requería del otro la pincelada,
para ir completando su hermosura drapeada.

Somos preciosos lienzos individuales,
y debemos continuar agregando colores,
que nos hagan felices en cada momento de nuestro existir.
Tonos que embellezcan el paisaje con cada experiencia para fluir.

No más toques oscuros, no más noches de lágrimas.

Mira al horizonte cuando el sol comienza a descender,

y admira la belleza que aún podemos vivir,

aunque finalmente, destinados a no ser.

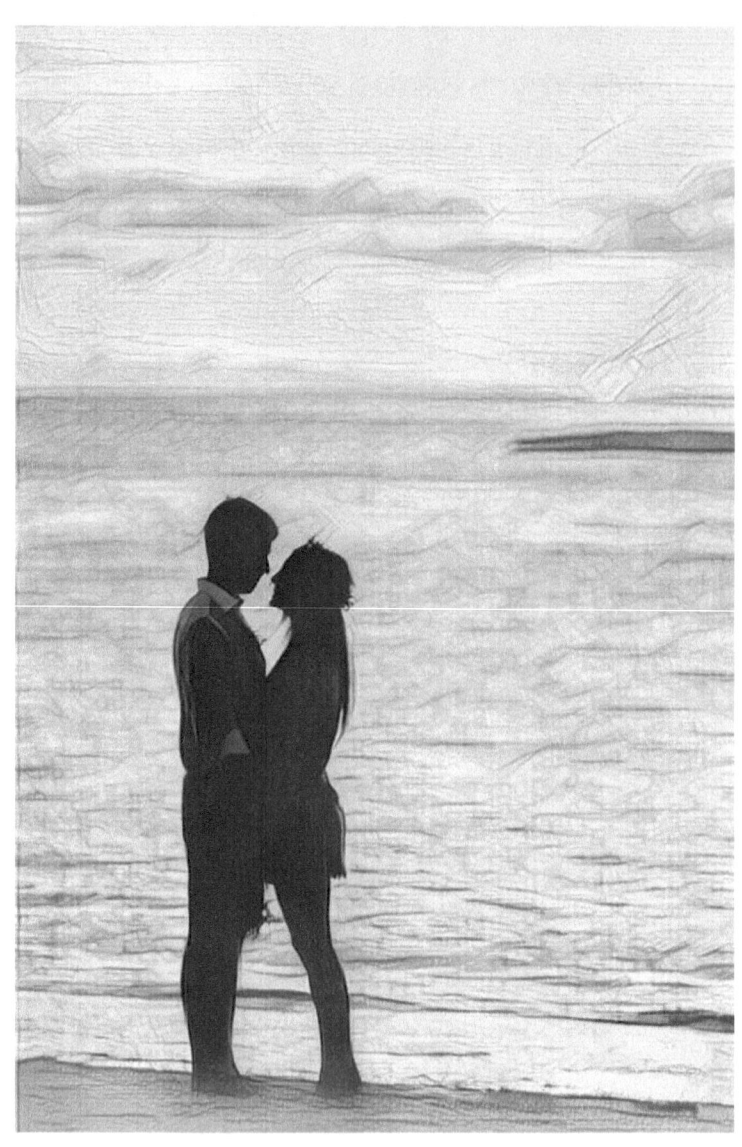

Algo contigo

En la estela de tu caminar errante,
un aura desolada encontró refugio,
para poder unir los pasos como un solo caminante,
para descubrir juntos un nuevo designio.

Sobre las huellas de tus firmes pasos,
un espíritu perdido encontró un guía,
para dejar de ser como extraños,
y asombrarnos ante un nuevo día.

Como el que busca una razón para seguir.
Quien espera un motivo para de nuevo sentir.
Como el que busca una palabra que le haga despertar.
Quien espera un sentimiento que le haga volver a confiar.

Con el cambiar de la vida en el paso del tiempo,
cómo expresar qué nace en mí y como lo siento.
Si tu respiración es un sentimiento,
podemos respirar hasta quedarnos sin aliento.

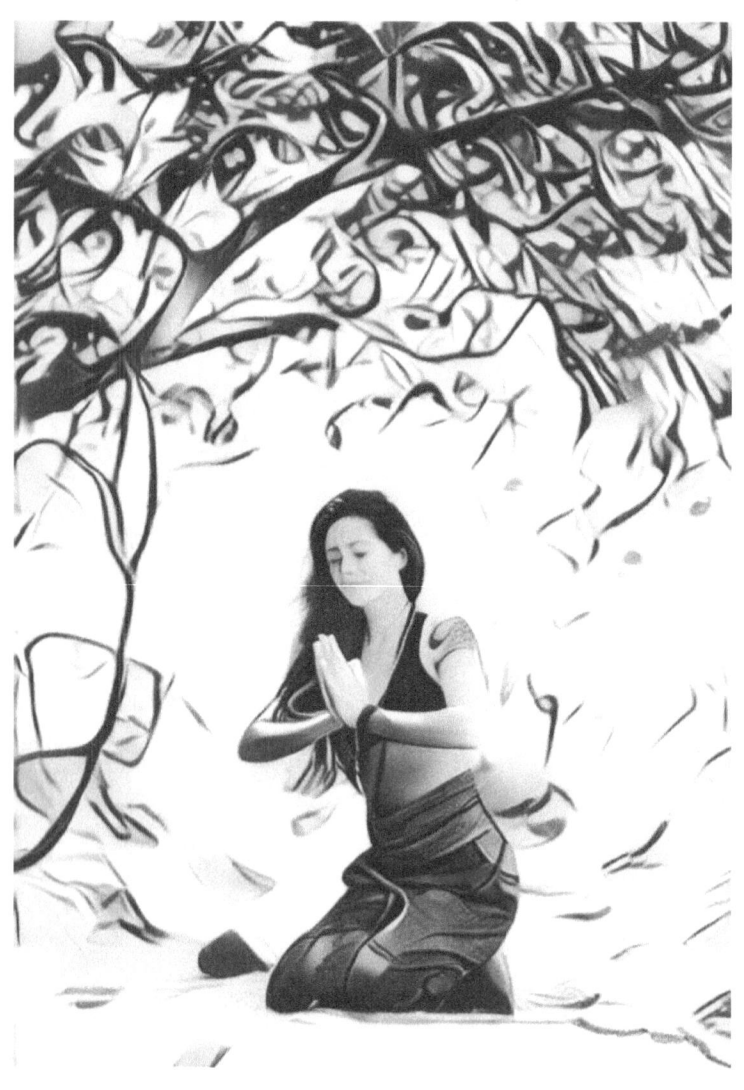

Una plegaria

En cada lamento se elevaba al cielo una plegaria.
El rezo de un persona cansada y solitaria.
Porque el dolor se había quedado conmigo,
junto a un profundo miedo creyéndolo un castigo.

Ahora mi plegaria sigue elevando su nota insistente,
para que mi fe alivie el temor que en un instante,
llena mi mente de dudas y, un rumor constante,
me susurra que un encuentro mágico se convierte en un sueño distante.

Como controlar esta nueva sensación,
que alterando atraviesa el corazón.
Que está cambiando el hielo que cubre mi interior,
y que aflora a través de mi piel con fortaleza y ardor.

Quiero abandonarme a este dulce navegar,
que mece mi corazón en suaves olas.
Flotando en un nuevo amanecer que sin esperar,
transforma su color cada vez que tú me miras.

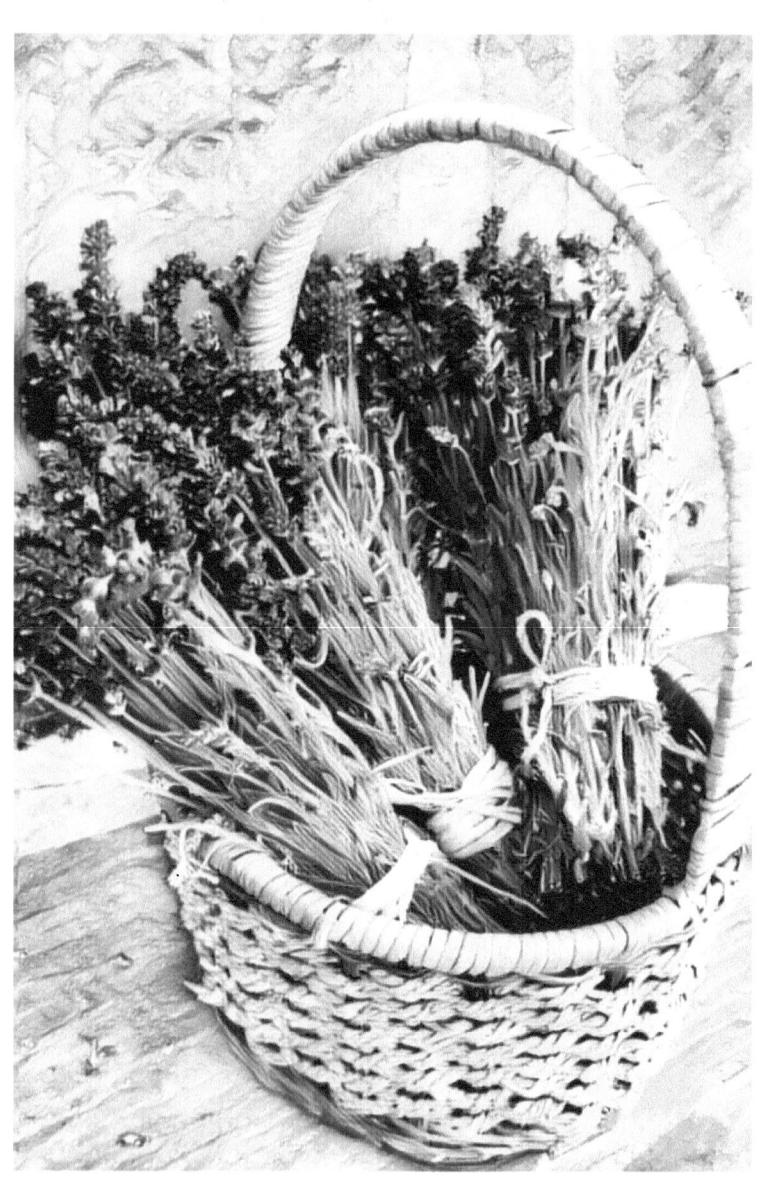

Mi niña

Aun la recuerdo sonriente,
con los mofletes rosados y su pelo despeinado.
Esa cara de alma inocente,
creyéndose inmune a cualquier infortunio chiflado.

Se levantaba cada mañana con emoción.
El día amanecía para ella, o eso creía.
Saltaba feliz por el prado de la vida.
Recogía flores violetas que guardaba en el cesto de la ilusión.

En el transcurrir del tiempo, un día la vi pasar.
No creí que fuera ella, pues sus mofletes habían perdido su color natural.
No me atreví a preguntarle si la podía ayudar.
Cruzó veloz por delante de mí como un vendaval.

Me pareció ver que aun llevaba el cesto de flores violetas,
lucían medio marchitas y de forma desordenada,
aquellas que hace tiempo fueron recogidas,
estaban vapuleadas por los sinsabores de la vida.

Quizá no está todo perdido y aun pueda volver a ver,
a mi niña que no tenía miedo, y que, con alegre sonrisa,
era capaz de sortear barreras y correr,
sin importar el cansancio ni la distancia precisa.

Hace mucho tiempo que no la he visto.
Hoy mirándome en el espejo me pregunto, ¿qué será de ella?
Inspiro profundamente y detrás de mí creo que atisbo,
aquel precioso cesto de mimbre repleto de flores violeta.

Demasiado tarde

Ella confiaba en aquellos ojos negros.
En palabras de amor y deseo que brotaban de esos labios.
Susurros descarados para conquistar su alma.
Por un querer con trasfondo oscuro quedó inundada.

Era todo tan perfecto, tan adecuado a cada momento.
Demasiado para ser cierto, pero entonces no lo vio venir.
Tantos agasajos creados por la pericia de un faquir.
¿Dónde estabas sensatez cuando te necesitó?

Una mente maquiavélica frente a una mujer enamorada.
Ella no quería escuchar consejos ni atender razones.
Sonreía como embrujada por aquel hombre que con ardiles,
se deslizaba taimadamente hasta lograr conseguirla.

Fue totalmente suya cuando en su hermoso cuello,
puso aquel colgante con una joya ensartada.
Un rubí de rojo sangre que ella interpretó como pasión encarnada.
Su vida en manos de un desconocido.

Celo desmedido y abrazos interminables.
Poco a poco la cadena de oro mortal a su cuello se fue ciñendo.
Era demasiado tarde, le faltaba el resuello.
El final de su confiada vida era inevitable.

Un último aliento escapó de sus labios azulados,
mientras la mirada victoriosa de su ejecutor,
miraba sin piedad a esos ojos ya condenados.
Era demasiado tarde para dar marcha atrás.
Para él, otra más.

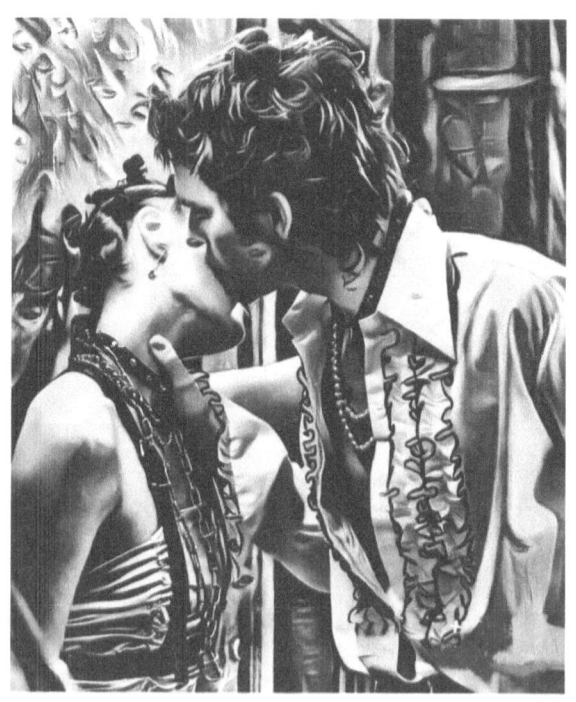

Todo lo que perder

Perdiendo el resto de mi razón,
buscando un resquicio de claridad.
Perdiendo a pedazos mi corazón,
persiguiendo un pequeño brillo de verdad.

Perdiendo mi ánima atormentada,
intentando de forma inútil seguir a flote.
Perdiendo la poca sensatez que quedaba,
aferrándome al borde del navegar de tu bote.

Perdiendo el rumbo de mi camino,
buscando un deslumbrante amanecer.
Perdiendo las fuerzas al andar en el filo,
abandonando el coraje y tan solo perecer.

Perdiendo casi toda mi esperanza,
que resbalando osada por mi mente,
derrumba una oración de añoranza,
canto desgarrador que deja la fe inerte.

Dime si queda en mí algo de cordura.
Dime si aún oyes en mi pecho algún latido.
Dime si se puede borrar tanta amargura.
Dime si hay algo nuevo que tenga sentido.

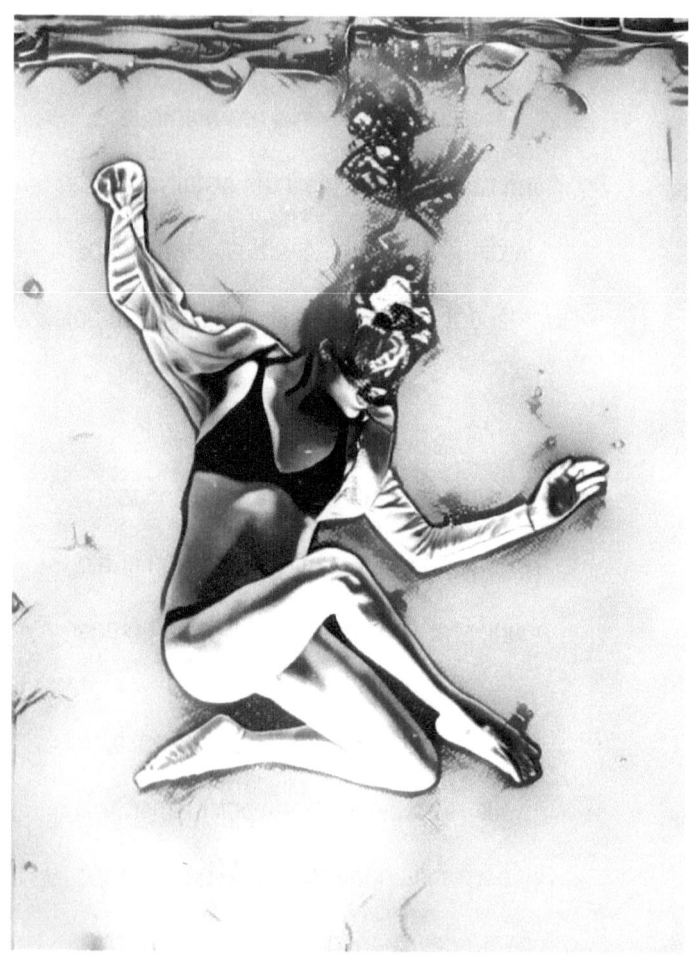

Suspiros de soledad

Vienes y te vas con una ráfaga de viento,
como una ola del mar que lame mis pies al caminar.
Ahora resplandor como dorado oro,
y luego oscuridad como noche de luna robada.

Palabras con diferente afección, diferente intención.
Quizá tú quieres algo más y yo creo que no puedo,
aunque desvarío con que tu sonrisa ilumine mis días.
Quizá yo quiera, pero en tú horizonte hay otro anhelo,
y no sabes sin herirme, cómo me lo dirías.

Suspiros de soledad se pierden en el aire.
El tiempo despiadado nos aleja sin remedio.
Tú has decidido iniciar una nueva vida,
y yo me he quedado encerrada en la mía.

Para qué reflexionar en quién no hizo el esfuerzo.
Esa insinuación que hubiera hecho que fuera diferente.
Hoy, sumergido en decepción el espíritu retuerzo,

al llevarnos por caminos separados irremediablemente.

Perdiendo la posibilidad de caminar de tu mano,
de cobijarme en tus brazos,
de saborear tus besos,
aunque son quimeras en vano.

A través del tiempo nuevas confidencias,
renacer de emociones, todas mías, todas imaginadas.
Han cambiado tantas cosas en ti.
Una gran muralla te encierra y protege en tu fortín.

Ya no importa nada. Solo tú, sola yo.
Siempre serás un oropel que brilla en mi corazón.

Esas dudas

Una parada en el tiempo,
una estación en la vida,
una etapa paralizada en el intento,
y en el corazón, una espera inanimada.

Vivir como en un sueño nublado,
sin reconocer lo que es auténtico,
frenando el impulso desorientado,
por temor a que el sentir no sea idéntico.

Esa libertad a la que no se quiere renunciar,
detalles que se escapan de las manos,
espacios llenos que pueden agobiar,
jirones descuidados en gestos lejanos.

¿Por qué no escuchamos al corazón?
¿Por qué tenemos miedo de herir?
¿Por qué puede ser tan injusto el sentimiento?
¿Por qué nos atrae tanto lo imposible?

No se puede nada exigir,

después de reconocer un error,

¿qué confianza puede surgir,

cuando se ha fracasado en el amor?

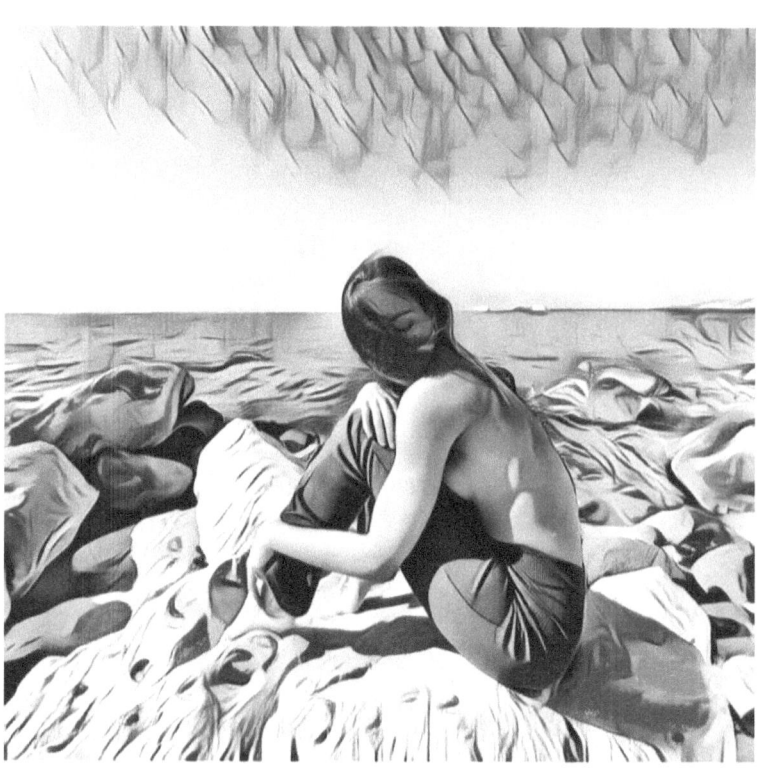

Presente y futuro

Estando en mi habitación a solas,
en los instantes más llenos de amargura,
con todas mis fuerzas intento olvidar las horas,
que impasibles me distancian de percibir tu ternura.

Ahí fuera está el frenético mundo,
por el que tengo que ir transitando,
y aunque voy pensando en tu amor profundo,
me falta tu tibieza y me descubro temblando.

Ayer nuestro amor recordaba,
de cuando me detenía en tu mirada,
pues un beso de ti esperaba,
para luego con ardor sentirme amada.

Este presente que solo lo hace soportable,
la ilusión de nuestro futuro tan esperado.
Nosotros lo haremos interminable,

entregándonos día a día este gran amor guardado.

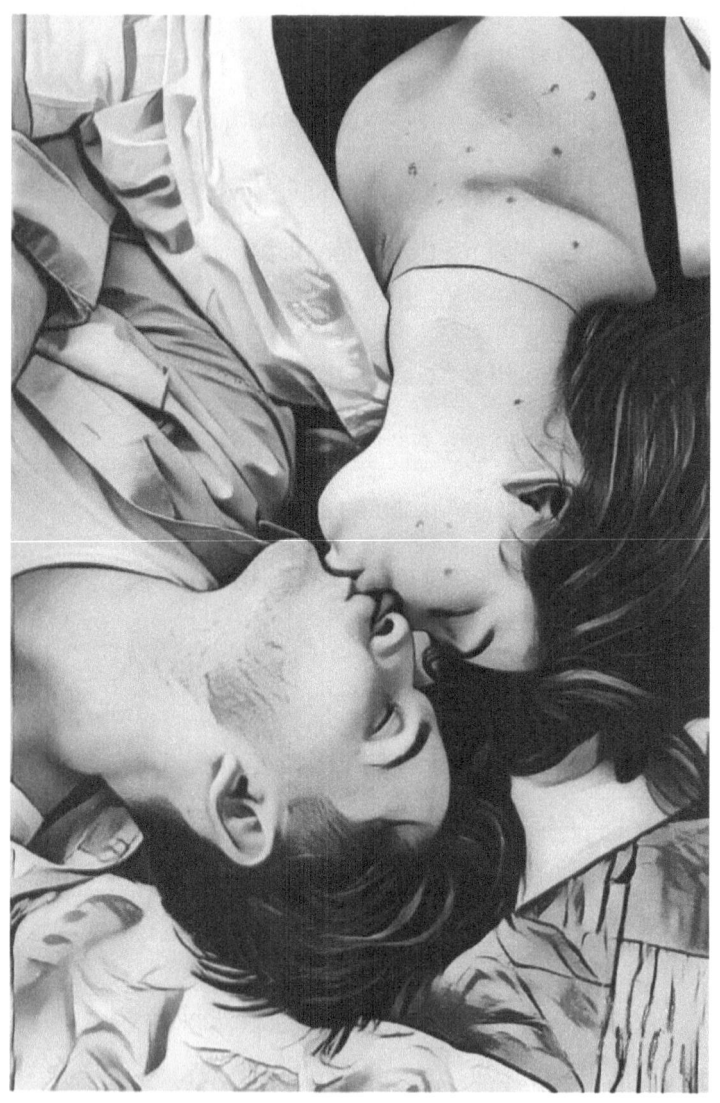

El regreso

Tú, con el ansia de volver,
alegría en el alma vuelves a tener.
Mirando con entusiasmo hacia delante,
pareciendo siempre el horizonte distante.

A tu ojos paisajes bellos,
te recuerdan un sin fin de momentos.
El desespero confunde tus pensamientos.
Aunque una energía te impulsa a pensar en ellos.

Imaginas en llegar donde está tu amor,
que te espera con ardiente devoción,
para olvidaros de los resquicios de dolor,
y compartir la profunda y ferviente pasión.

Vuestros ojos se han encontrado,
convenciéndose de la realidad.
Toda pena y distancia han terminado.
Podéis inventar vuestra soñada verdad.

Brotan lágrimas de alegría desbordada,

y vuestros abrazos del amor os hablan.

De la emoción la voz quedó callada.

Vuelan caricias en los cuerpos que se destapan.

Unidos y con fuerza entrelazados,

os prometéis en confidente sinceridad,

amaros para toda la eternidad,

incluso aún después de estar saciados.

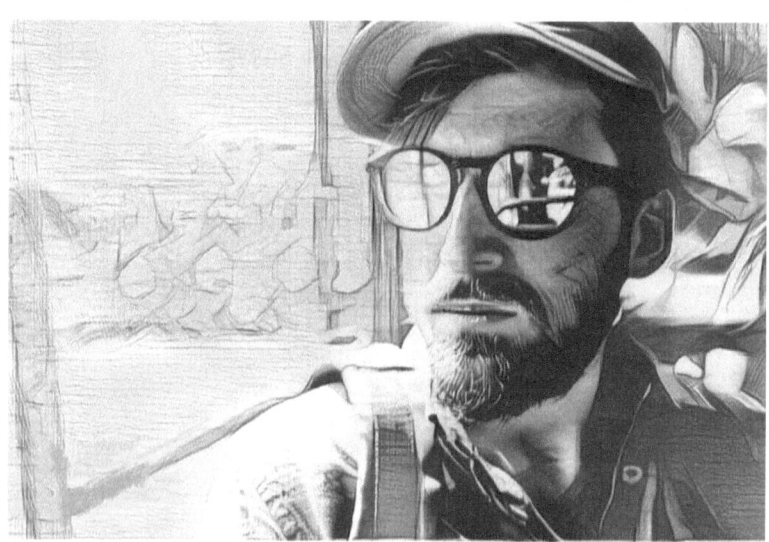

Esperanzas

Quisiera emprender el vuelo,
buscando en todos los rincones,
sin volver a tocar el suelo,
salvando de caer en más errores.

Reflejos de la luna distante,
bañan mi valor derrotado.
El resurgir de una aura brillante,
cuando vuelve a aflorar lo escondido.

Brotan sentimientos escritos en el papel,
con el egoísta antojo de descubrir,
si entre líneas algo se siente por él,
y qué esperanzas pueden surgir.

Es como un nuevo despertar,
respirar, vivir sin nada que temer,
poder sin recelo volverse a enamorar,
sin necesidad de nada esconder.

Todo puede suceder,

cuando algo especial se vuelve a crear,

algo único puede aparecer,

cuando tú me puedas besar.

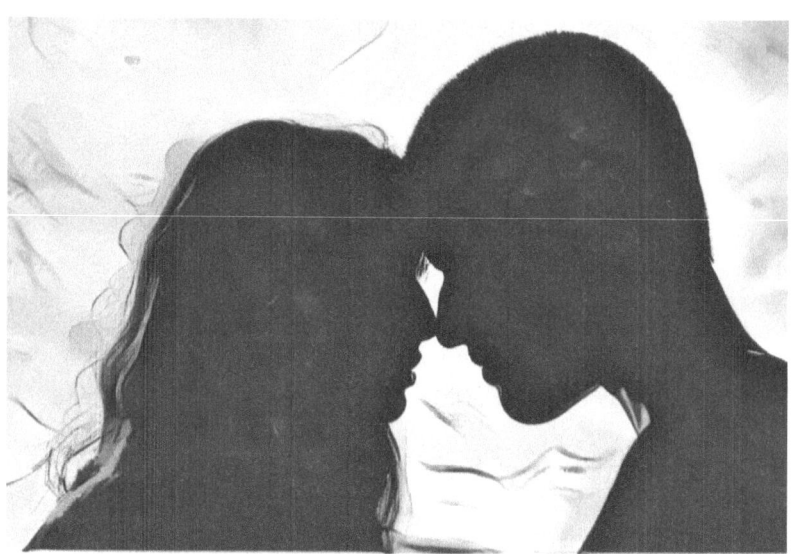

Cada vez que tú te vas

De forma sigilosa te acercas a mí,
y todo un mundo se abre alrededor.
Me siento tan inmensamente feliz,
que no ceso de abrazarte y demostrarte mi amor.

Cada vez que tú te vas,
muere de melancolía un trozo de mi corazón.
Me gustaría ser tu sombra para poder ir detrás.
Es imposible, lo sé, pero esa es mi ilusión.

Cada vez que tú te vas,
todo oscurece y mi espíritu se vuelve gris.
Mi mente recuerda todo lo que me das,
y un impulso me infunde ánimos para seguir.

Cada vez que tú te vas,
odiamos al tiempo que impasible pasa.
Es imposible no mirar atrás.
La implacable tristeza mi cuerpo traspasa.

Cada vez que tú te vas,
no tengo que hacerte entender lo que se siente,
porque sin explicarnos apenas,
un hilo invisible une nuestra mente.

Aunque me duela, sí,
necesito saber cuando te vas,
para darte lo mejor de mí,
para que me recuerdes y me ames cuando vuelvas.

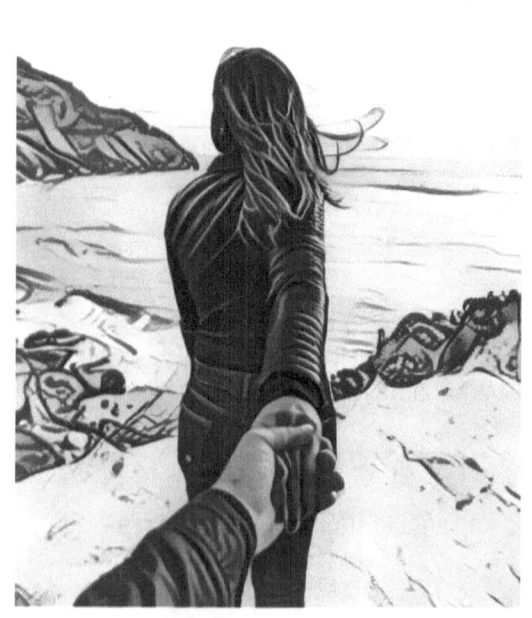

Que me guíe el corazón

Si la ternura tuviera presencia,
si la comprensión tuviera cuerpo,
si la calma tuviera esencia,
formarían tu alma y espíritu por entero.

Si la vida te ha moldeado,
y las circunstancias te han cambiado,
han conseguido cincelar en ti,
un ser capaz de hacer vibrar y sentir.

Quiero llorar con tu tristeza,
reír con tu alegría,
compartir el sentimiento,
y vivir junto a ti el momento.

No sé si es tu serenidad que me invade.
No sé si es tu dulzura que me llena.
No sé si es tu comprensión que me atrae,
pero no puedo evitar buscar tu senda.

No sé si este es mi destino.

No sé si es una equivocación,

pero me siento tan completa contigo,

que dejaré que me guíe el corazón.

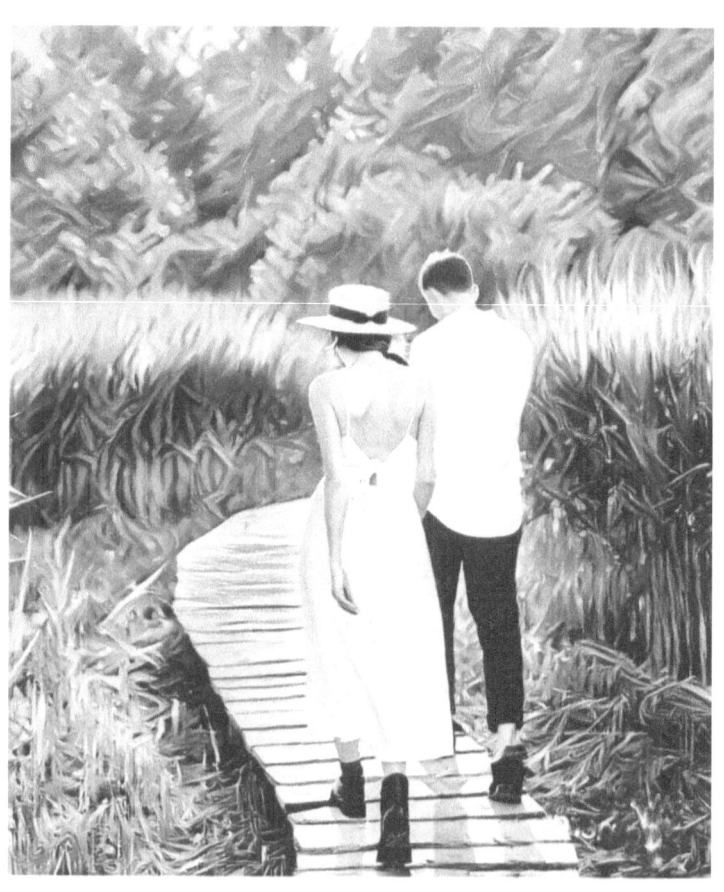

Mar de dudas

Mares de incomprensión rodean mi mente.
No hay luz entre esta niebla.
Todo es tan distinto en la oscuridad,
y una voz que me llama a lo lejos de forma insistente....

No ves que te estoy buscando....
¿Quién quiere ser encontrado?

Esa fuerte lucha dentro de mí,
que se sosiega con palabras de ánimo.
Puertas abiertas a una esperanza añil,
cuando oigo a esa dulce voz decir....

No ves que te estoy buscando....
¿Quién quiere ser encontrado?

Que fría y vacía está mi cama,
aunque tú estés a mi lado.
Ya mis brazos no te buscan.
Ya mi cuerpo no te desea,

y esa voz resonando en mi cabeza....

No ves que te estoy buscando....
¿Quién quiere ser encontrado?

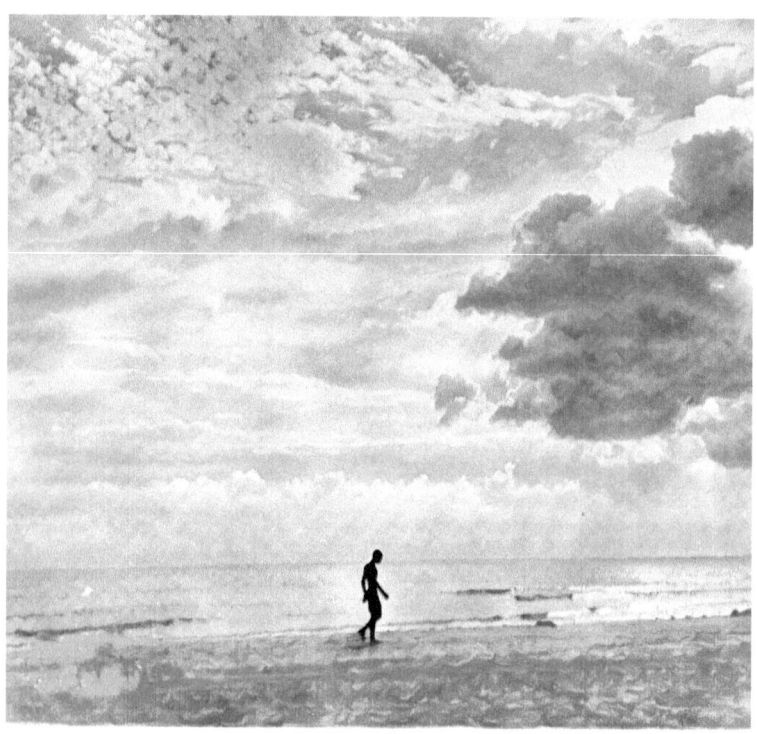

Quisiera poder explicar

Yo quisiera poder volar,
desaparecer lejos de aquí,
poder volverte a encontrar,
y quedarme junto a ti.

Yo quisiera poder soñar,
perderme en los rincones de la mente.
Lograr esta espera aliviar,
al hallarte en mi inconsciente.

Yo quisiera poder percibir,
y el roce de tu último beso revivir.
Poder volvernos a abrazar,
y compartir labio a labio el respirar.

Yo quisiera poder gritar,
que estoy totalmente enamorada.
Con esta felicidad la aflicción mitigar,
y olvidar la pena pasada.

Yo quisiera poder inventar,

nuevas bellas palabras de amor,

para poderte demostrar,

lo que siento en mi interior.

Yo quisiera poder explicar,

que si mis ojos levanto del sendero,

puedo tu ferviente mirada encontrar,

y aceptar en todo mi ser, que te quiero.

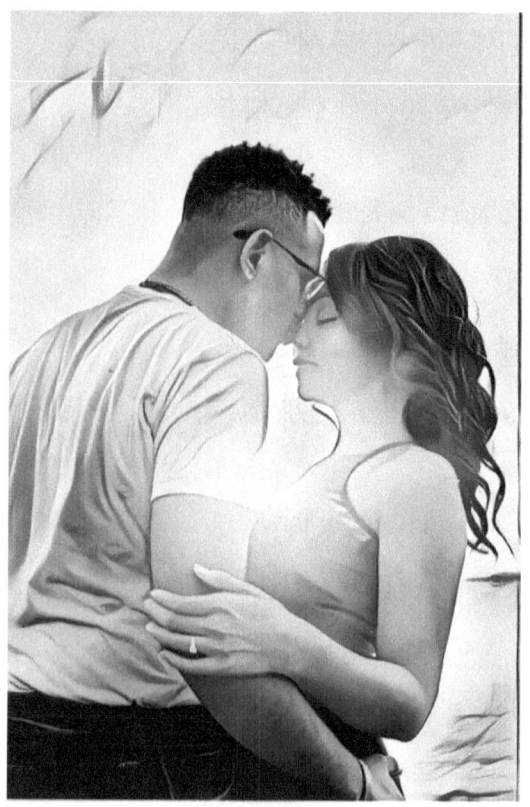

Como un sueño

¿Qué ha pasado?, ¿ha sido un sueño?
Si ha sido un sueño, ¡que no despierte!
Si ha sido realidad, ¡ay mi amor!
Que poco ha durado.
Tus labios con los míos se han sellado.

Podía haberlo hecho durar,
más no quiero que puedan pensar,
que yo sea la causa de este encuentro,
que el azar ha sabido elaborar.

No es a mí a quién deben juzgar,
sino a la falta de diálogo
que alguien ha querido crear,
llevando su unión a un epílogo.

Y al regresar,
un nuevo día nacía ¡que alegría!
La aurora me ha brindado,
una magnifica sensación,

pues el cielo se ha teñido,
con los colores de tu faz
y una voz me ha susurrado.
"Que descanses mi amor en paz".

Justo en ese momento me he preguntado,
¿qué ha pasado?, ¿ha sido un sueño?
Si ha sido un sueño,
no me quiero despertar.
Si ha sido realidad,
¡qué feliz sueño!
No despertemos jamás.

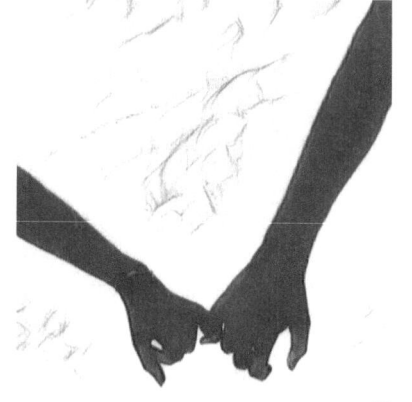

Aún en mi mano llevo,
la dulce caricia de tu dedo.
Esta mano que te ofrece,

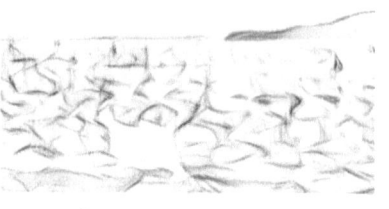

toda mi amistad y un amor sin miedo.

(Poesía reconstruida que escribió para mí Toni Cabrera, un gran amor muy especial que partió antes de tiempo)

En mis manos

Llueve sobre el amor incomprendido,
sobre los sueños irrealizables,
sobre las ilusiones inalcanzables,
sobre la creencia de lo que aun no se ha perdido.

Poder conversar fluyendo sin miedo,
ahuyentando las lúgubres sombras.
Dormirme arropada en un abrazo sincero,
y el susurro al oído de dulces palabras.

Confiar en cerrar mis ojos rendidos,
y ceder a un plácido sopor profundo.
Imaginar mis manos su piel midiendo,
y en ese vibrar, el renacer de nuevos sonidos.

¿Cuánto se puede arriesgar,
para ganar la lucha y sobrevivir?
¿Cuánto se debe apostar,
para llegar a ser feliz?

Acabar con esta asfixiante sensación,
que ante la gente difumino.
Poder elegir con calma, sin obsesión,
aunque no sepa cual será mi camino.

No se puede vivir de recuerdos,
tus manos están vacías al abrir los ojos.
Deja de llorar por lo que has perdido.
También se pierde todo lo que no se ha vivido.

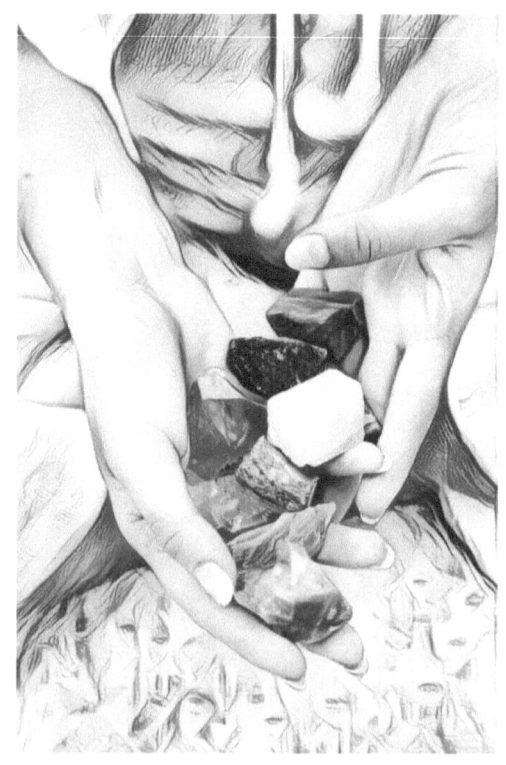

Un recuerdo constante

Es un sentimiento devastador,
que no me deja liberar,
a mi corazón del dolor,
que me produce el recordar.

Sé que fue una bonita vivencia,
que no se volverá a repetir,
y aunque espere con paciencia,
no lo encontraré de nuevo en mi existir.

Lo siento, no lo puedo evitar,
esa imagen especial encontrar,
dentro de mi mente navegar,
y con añoranza volverla a desear.

En sus ojos me perdería,
y en sus brazos me cobijaría,
con sus labios me fundiría,
y con su voz me estremecería.

Quizá esta vivencia la estoy utilizando,
para ponerme trabas y limitaciones,
y con ello cruelmente este negando,
tener nuevas y emocionantes sensaciones.

Soy consciente de que no se merece este recuerdo,
que a mi por dentro me está destruyendo.
A pesar de ello, quisiera saber qué le quedó,
y porque en silencio lentamente se fue huyendo.

Ansío un día volverlo a encontrar,
para a mí misma poderme demostrar,
que en mi cabeza todo es quimera,
y así por fin en el olvido poderlo enterrar.

Ambiciono por mi bien poder hallar,
un lugar olvidado donde abandonar,
todo lo que sentí al conocerlo,
y por siempre de mi mente borrarlo.

No se por qué ha sido tan importante,

y porque ese encuentro me persigue.

Sus palabras son como un sonido constante,

pero debo despertar, ¡la vida sigue!

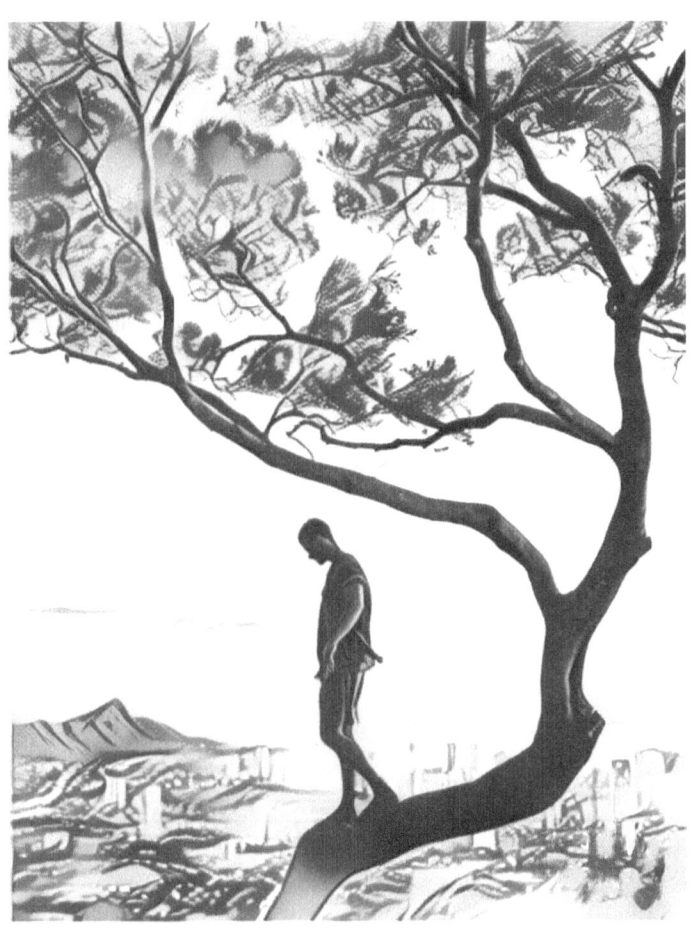

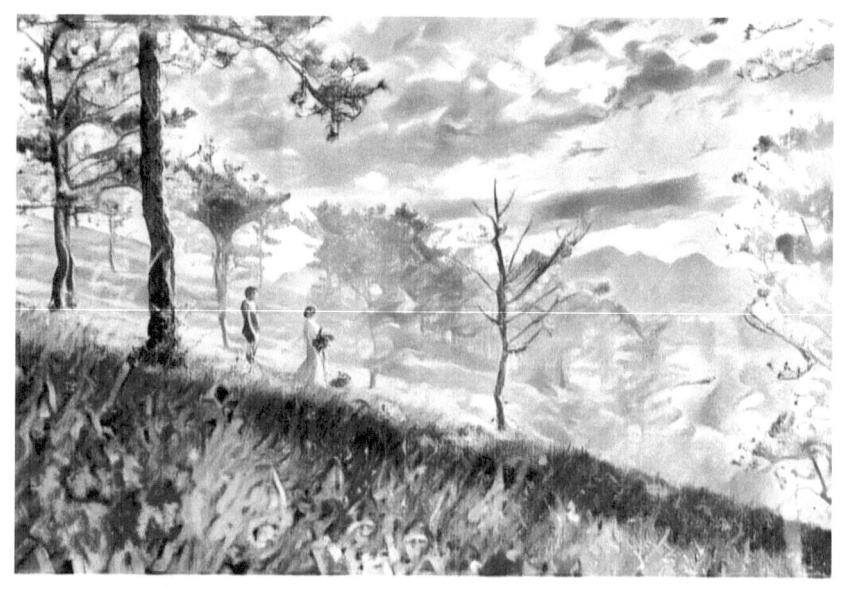

Sentidos desbocados

Ese fuego inmenso en el horizonte,
cuando parece que se extingue,
me llama a su lado suavemente,
y con sus cálidos brazos me envuelve.

En la negra noche un rugir violento.
Gritos de tormenta en el firmamento.
Llora el cielo con fuerza y desesperación,
bañando mi ser de quietud como una canción.

Extender mis brazos al viento,
apreciar como acaricia y mide mi cuerpo.
Un murmullo de paz en mi oído,
limpiando lentamente mi espíritu dolorido.

¡No hay nadie a mi lado,
junto a ese atardecer,
bajo esa lluvia generosa!
¡No hay nadie a mi lado,

entre ese viento furioso,

bajo esa agua envolvente!

Perderme en la espesura del bosque,

sin encontrar un camino.

No importarme el por qué,

y abandonarme en un andar cansino.

Experimentar en mi alma la profundidad del mar,

y no querer volver a flotar.

Rodearse de quietud, darse tregua,

y dulcemente naufragar.

Sueño de oriente

Un amanecer diferente,
con un sol más cálido,
dejar que roce mi frente,
y entibie mi corazón herido.

Abrir los ojos y sentir,
que no es todo soledad,
que algo puede subsistir,
entre tanta oscuridad.

Levitar a extraños lugares,
imaginando su belleza,
viviendo sensaciones virtuales,
dejando atrás la tristeza.

Enlazar nuestras manos,
y hacia el infinito caminar.
Es imposible que podamos perdernos,
pues es nuestro espacio para olvidar.

El leve roce de una caricia,
el tenue sonido de una palabra,
el susurro alegre de una sonrisa,
la profundidad de una mirada.

Temblar abandonada en un abrazo,
pero no hay nada que temer,
es un dulce y sincero lazo,
que nos une hasta desaparecer.

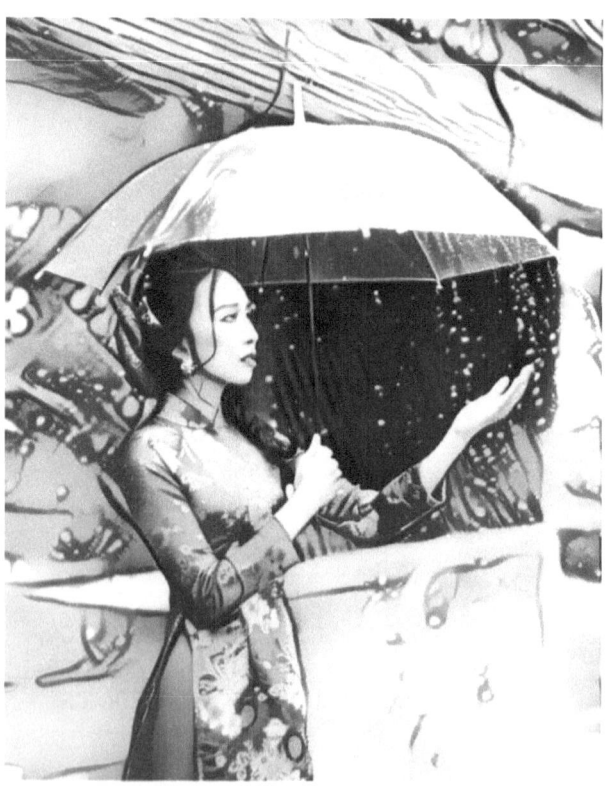

Tantas emociones

Tantas palabras para definir mi historia.
Tantos pensamientos para centrar mi vida.
Tantos pasos para encontrarme a mí misma.
Tantas decepciones para saber cuál es mi victoria.

Tantas lágrimas amargas de desahogo.
Tantos quejidos de desaliento.
Tantos gritos rasgados de exasperación.
Tantas evidentes señales de tormento.

¿Cómo sería entrar en tu mente?
Para saber qué es lo que sientes,
cuando piensas en mí...
Si se quiere, todo puede ser posible.
Si se ansía, todo puede hacerse realidad.
Déjate llevar y hallarás tu verdad...

Tanto tiempo intentando seguir.
Tantos proyectos llenos de esperanza.

Tantas ilusiones imaginadas para huir.
Tanta fe en lo que solo hay tardanza.

Tantos momentos nuevos por venir.
Tantas sensaciones íntimas olvidadas.
Tantas febriles intenciones con impacientes ganas.
Y un sin fin de emociones por compartir.

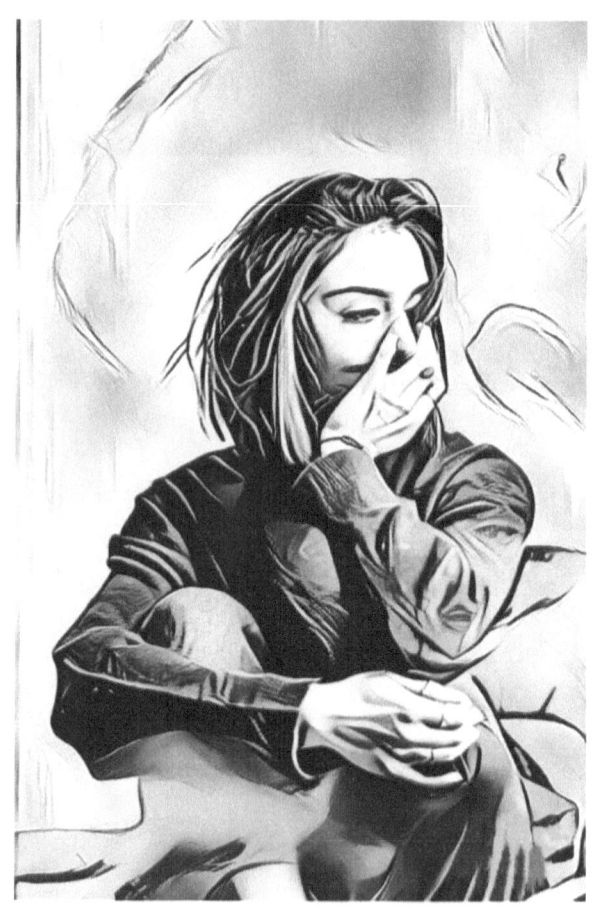

Todo en ti

Entre paredes de papel de quimeras,
se forman nubes de consuelos.
Refugio de los sentimientos perdidos.
Escondite de las realidades amargas.

Esperando encontrar en tus manos,
una nueva sensación que abra la puerta.
Que mis sentidos apresados libera.
Que borre los surcos del dolor en la arena de mis sueños.

En el soplo de un encuentro fugaz.
En la creencia de una energía intensa,
Camina mi ilusión en un divagar.
Recuerdos trenzados con melancolía inmensa.

Cambiar tu soledad por una melodía,
que en tu alma sonará como una letanía,
llevándote a una sublime rendición,
que no apresa en rejas de plata el corazón.

El cálido aliento del amanecer,

un resplandor en un instante,

crea recuerdos mezclados entre el dulce de tus labios,

y el amargo de los eternos silencios.

Pero la estrella fugaz del corazón,

solo se entrega una vez en su transitar,

cayendo en el olvido y su inmensidad,

para danzar en la oscuridad.

Para danzar toda la eternidad....

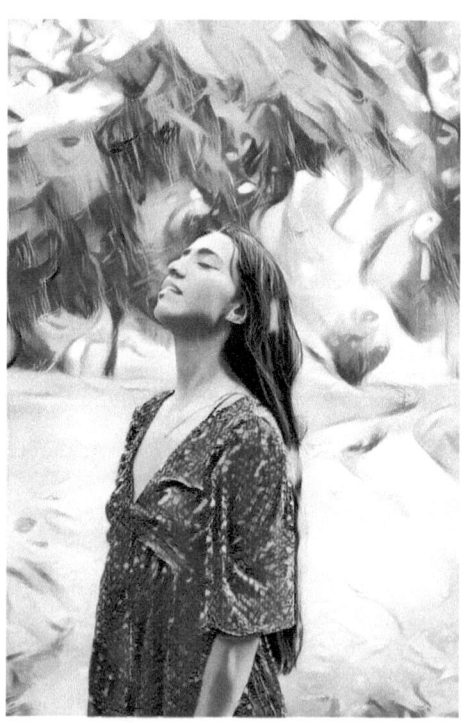

Triste verdad

Querido viejo amor,
cómo explicarte todo lo que se ha perdido.
Cómo decirte lo vacía que ante ti me siento.
Cómo contar lo que ha pasado en mi interior.

Junto a ti ya no se alienta la llama del deseo.
Ya no ansío tus demostraciones de pasión.
Ya no me pierdo en tu mirada.
Ya no me estremecen tus palabras.

¿Puede acabarse algo que creía tan inmenso,
que era lo más importante en mi vida,
que era el centro de todos mis pensamientos,
que era mi existir y ahora es huida?

¿Dónde está ese amor sincero,
el que se preocupa si estás indefenso,
el que demuestra su interés solícito,
el que cuida de mantenerse intenso?

Todo da vueltas dentro de mi cabeza.

La mirada perdida en el infinito,

intentando hallar algo que me dé entereza.

Intentando demostrar que esto no sea solo un mito.

Haz algo, por favor,

que me demuestre que esto no es un final.

Enlaza palabras que hilvanen este amor,

antes de que todo se rompa como el cristal.

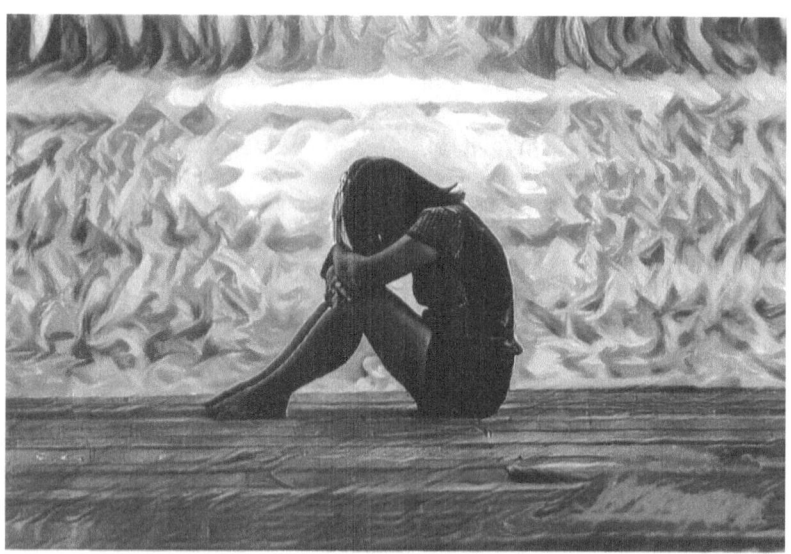

Cuando tú llegues

Como en un tórrido desierto,
vacío hasta el horizonte,
el espíritu casi muerto,
y sin nadie acompañándote.

Esperar llegar a un oasis,
y que no sea un espejismo.
Sentir aquel dulce éxtasis,
y encontrarse a uno mismo.

Beber el agua del paraíso,
refrescando el alma cansada.
Evocar el deseo sumiso,
hallar la esperanza soñada.

Forastero en tierra extraña,
cultivando un nuevo amor,
ansiando que llegue el mañana,
con emoción renovada en el interior.

Eres ya tan necesario,
como el aire al respirar.
De la ternura un emisario,
eres la fuerza al caminar.

Llegas en el momento oportuno,
aunque tuviéramos que sufrir.
Antes no podríamos ninguno,
habernos encontrado en el existir.

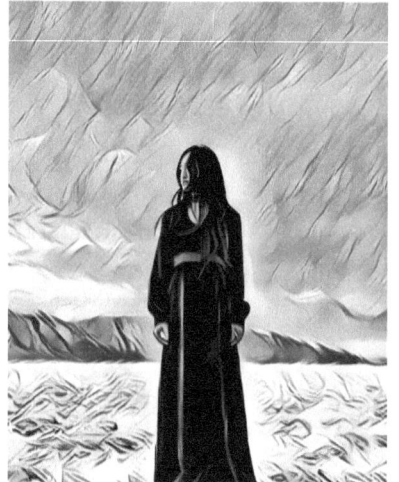

Se escapan por los poros,
dulzura, cariño y amistad.
No volver a estar solos,
al descubrir esta verdad.

Ven, mi amor, ven pronto,
que deseo besar tus labios.
Vuela a mi lado como el viento,
y con abrazos quedemos embriagados.

Razón para continuar

Te miras al espejo como cada día,
buscando esa chispa de energía.
la fortaleza suficiente para empezar,
un motivo idóneo para dejarte llevar.

Comienzas paso a paso, instante a instante.
Trazas de alegría que alumbran tu semblante.
Cambiarías toda esa negra sensación,
por un motivo, por una cuerda razón.

Esperas oír esa palabra, esa melodía,
que te resuene y te muestre una guía.
Esa evocación que consiga avivar,
el frenesí de volver a amar.

No existe el caballero de armadura radiante.
Deja de soñar y andar con paso vacilante.
Rompe tu jaula, sal de tu propia prisión,
la que no te deja volver a vivir con decisión.

¿Quién o qué será capaz de sacarte de la monotonía?

¿Por qué sigue siendo un sueño en la lejanía?

Ya no te importa ni te cuestionas el respirar.

Existir es la máxima razón para continuar.

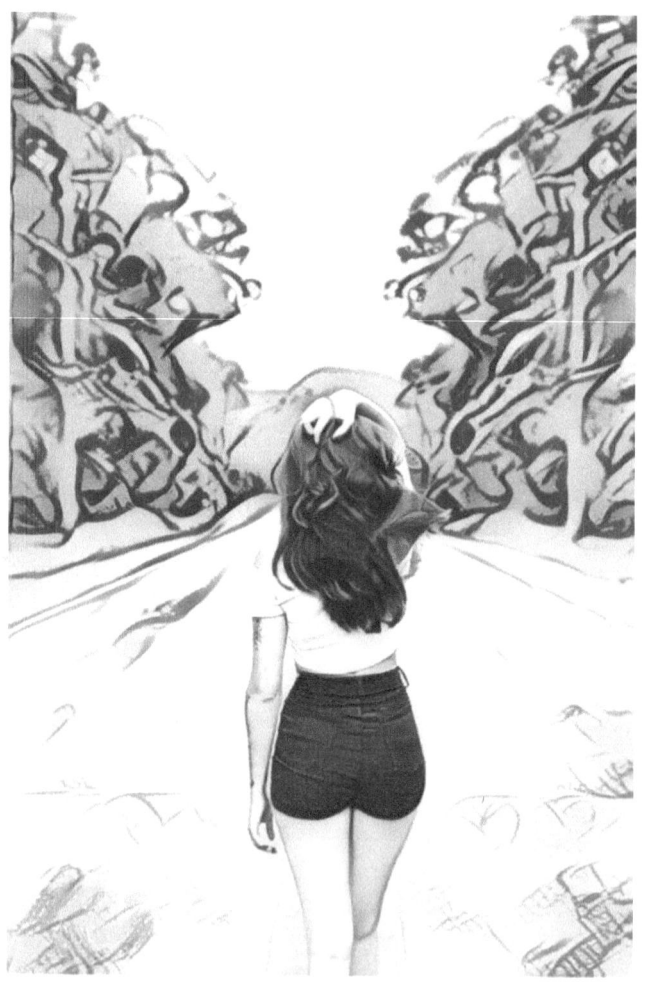

Quedé prendida

Me enredé en el hilo de tus palabras.
Me embriagué en el sonido de tu voz.
Otra vez con las emociones frustradas.
De nuevo esa sensación de rabia feroz.

Quedé prendida de tu atención.
Me perdí en tus silencios inesperados.
Confié en oír algo de esos labios callados.
Más todo era una egoísta y fútil diversión.

Algo efímero en el tiempo,
como lo es cada estación.
Así pasarás de largo por mi vida,
sin más pena, sin más herida.

No me busques,
ni lo intentes.
El pago por ser ignorada,
es de poder tenerlo todo,
a no tener nada.

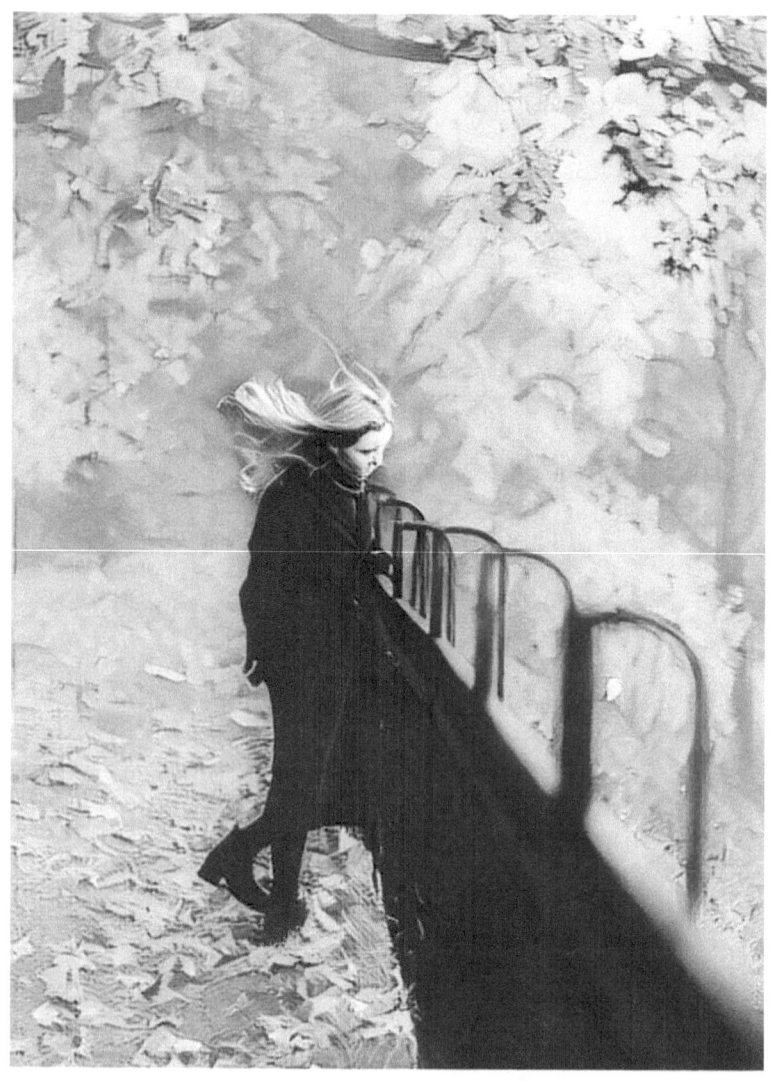

Obsesión o decepción

Camino por la oscuridad que me ha dejado tu nombre,
intentando atraer luz y con solo un grito,
escondería mi rencor y aflicción en un sobre,
para enviarlo lejos con el destino olvido escrito.

Respiro el aroma húmedo del aire llenando mis pulmones,
de la esencia de una promesa rota y olvidada,
sin hueco en mi alma para más decepciones,
ya desde hace tiempo la templanza desgastada.

Me obsesiono con llevarte en el otoño de mi vida,
levantando hojarasca rebelde que me hiere,
zarandeándome de forma irremediable del sosiego a la furia,
dejando huellas grabadas de forma perenne.

Ignoras lo que ocurre porque tu espíritu es rebelde.
Flotas siendo el centro de toda atención.
Ni te imaginas como puede ser de endeble,
esto que tú llamas amor y yo llamo decepción.

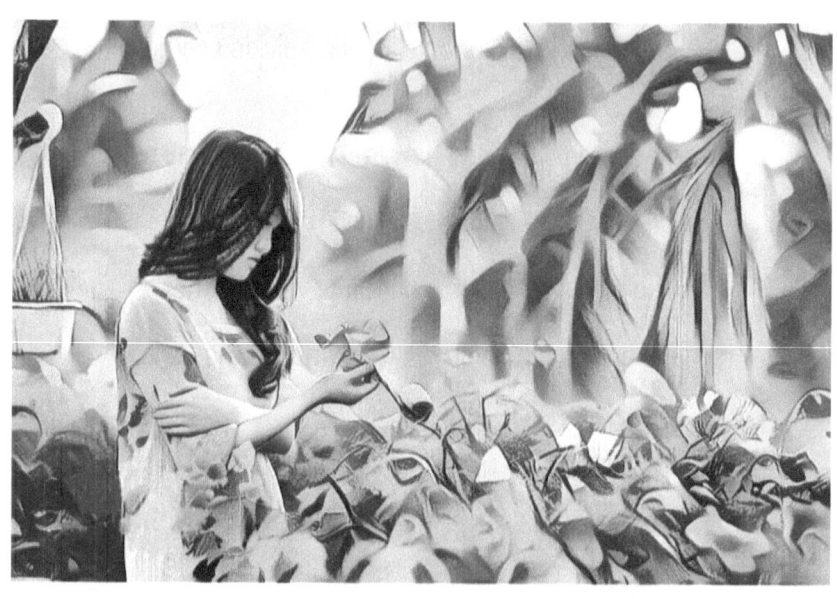

Todo lo que podemos hacer

Anhelo que llegues con cautela,
que me arranques de esta mediocridad.
Sé que estoy navegando al filo,
entre la cordura y la irracionalidad.

Quizá tú tengas la llave dorada,
que abra de nuevo mi corazón.
La ilusión por el amor olvidada,
murmullo que despierte la pasión.

Todo lo que podemos hacer
es con sigilo continuar respirando,
andar detrás de un querer,
por el amor quedamente suspirando.

Reminiscencias tenues de un ayer,
que con añoranza nos hacen sonreír.
Saber que volveremos a tener,
un sueño por el que vivir.

Te miro y me estremezco.

Si tú me lo prometes, yo me atrevo.

Si tú vas a cuidarlo, yo te lo entrego.

Si tú estarás para sostenerme, yo me lanzo.

Aflorará lo que quede de mí,

que yace enterrado bajo mi piel.

Adornará un nuevo comienzo junto a ti,

enarbolando como estandarte la promesa de serme fiel.

A tu lado

En el transitar de la vida,

creando nuestro futuro,

hilos de amor y gloria,

van tejiendo el rumbo.

Rayos de luz nos iluminan.

Sombras de luna nos refugian.

Vientos de paz nos acompañan.

Lluvias de amor nos rodean.

En la delicadeza trémula del alma,

nace un dulce sentimiento,

que nos llena de inmensa calma,

viviendo de forma intensa el momento.

Mi corazón me ha guiado,

hasta quedarme a tu lado.

Adoro recibir este amor,

que a la vida me ha despertado.

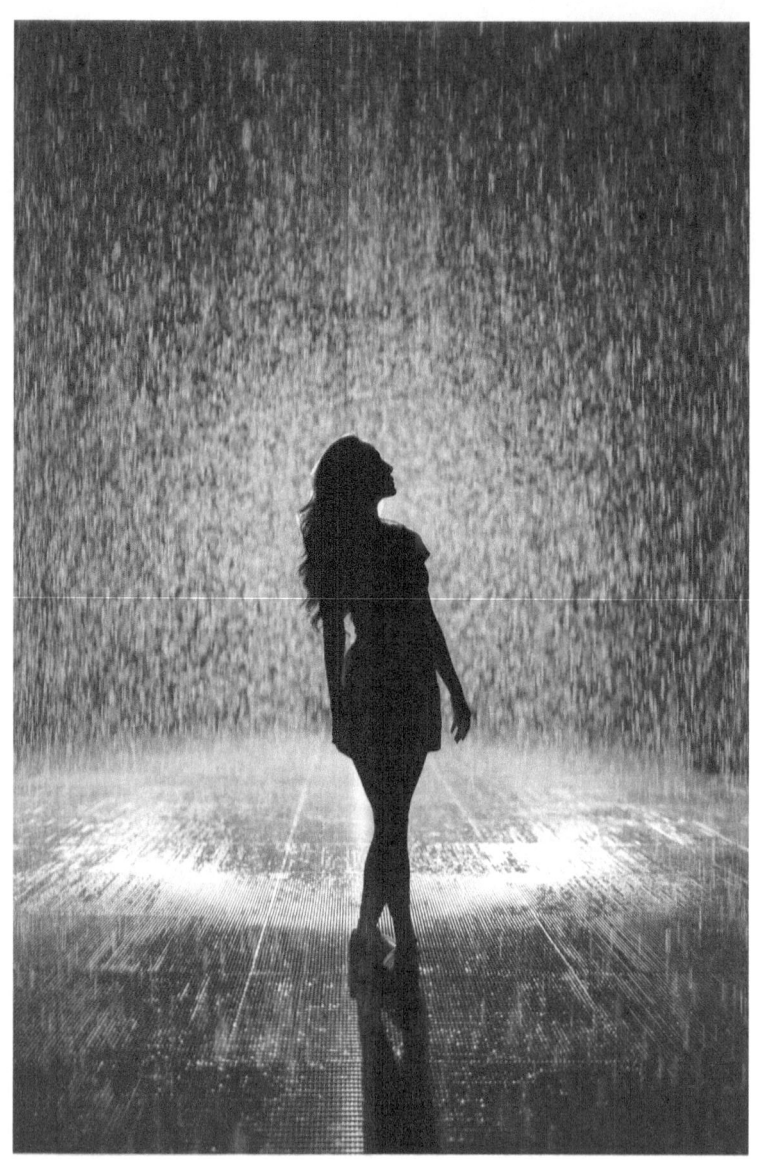

Provócame

Te acercas de forma sigilosa,
esencia furtiva y febril.
Percibo esa ternura suave, esponjosa,
que provoca abandonarme en ti.

Deseo con ansia tocarte,
que mis manos en tu piel se pierdan.
Entre tus suaves curvas provocarte,
y que la razón y la locura se muerdan.

Tu fuerza me inunda y me arrastra.
Me enloquece tu bravura inesperada,
que moja mi inquieto espíritu y me amansa.
Si tan solo pudiera vivir tu fiereza un poco más...

Pero te vas y aquí me dejas,
con un beso de colores para contentar mi corazón.
Tormenta de verano, no vuelvas,
si no es para quedarte sin poner ninguna condición.

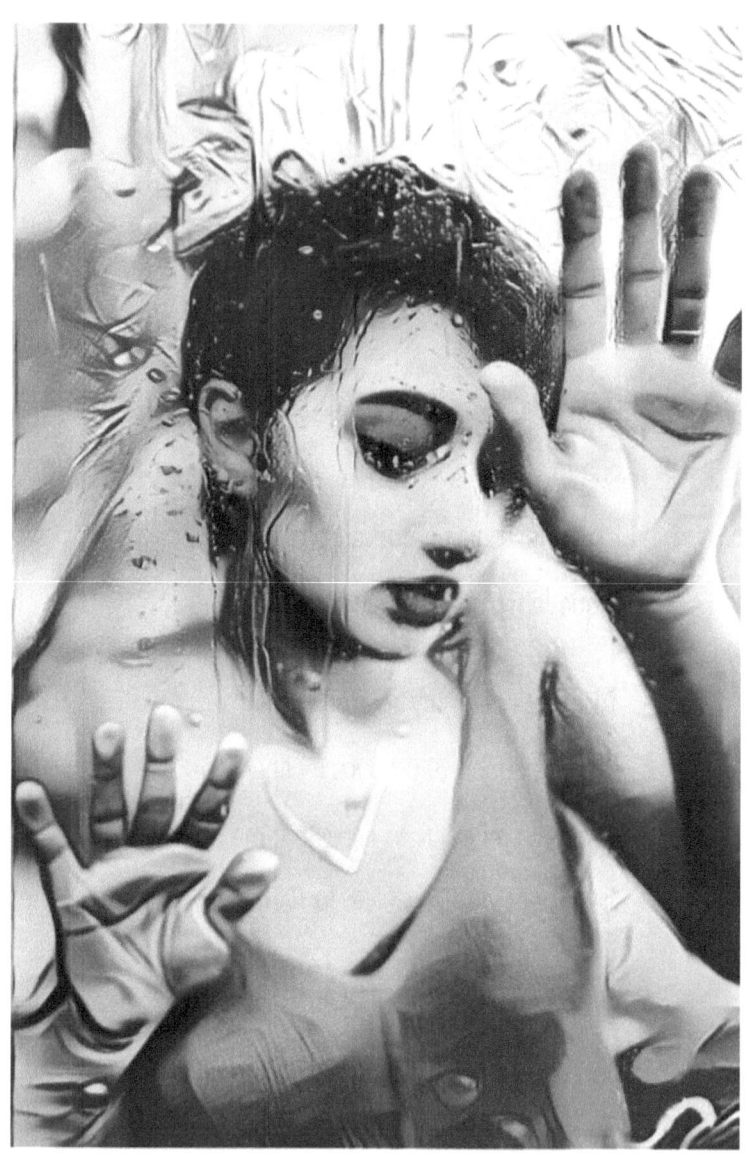

En el olvido

Sé que no me llamarás,
nunca lo has hecho y nunca lo harás.
No entiendo tu serenidad y control,
o quizá es indiferencia ante la situación.

No sé si es tu madurez o tu juventud,
la que te hace tener ese sereno dominio.
Cuando para ti es una vivencia que recordar,
para mí es un recuerdo para seguir viviendo.

Fuimos capaces de demostrar,
qué nos inspiraba nuestro encuentro,
pero no sé si quieres continuar,
alimentando esto con lo que sientas dentro.

Puedo estar equivocada,
y todo ha terminado antes de empezar.
Quizá fue un instante de lujuria desbordada.
Dímelo tú, deja que tus sentidos te puedan guiar.

Quiero imaginar que no es solo un juego de amor.

Quiero pensar que no es solo un momento de pasión.

Es dura la distancia con este dolor,

día a día atravesando el corazón.

Futuro incierto

No quería creer que estaba perdida,
en un mar de desilusión,
viendo como se destruía mi vida,
sin ánimos para encontrar una solución.

Me di cuenta tristemente que mi amor,
con el paso del tiempo se había apagado.
Me hundí en un horrible temor,
al desvelar que se había acabado.

Nadie sabe lo que sufrí.
Nadie sabe lo que lloré.
En la desolación que me hundí,
y en los pozos que me encontré.

Creer que estaba enloqueciendo,
no asimilar ni entender lo que sucedía.
Todo lo que tenía lo estaba perdiendo,
y lo de mi alrededor ya no me influía.

La sentencia de tomar la decisión final,

porque ya todo estaba perdido.

Aunque nada pareciera normal,

era lo que había decidido.

Entre los velos de mis tristezas,

como una aparición llegaste a mi orilla.

Solté el lastre de mis dudas y penas.

Tu bondad y amistad sembró su semilla.

Encontrarme un día con tus ojos,

y sentir corpórea tu franqueza.

Por impulso ansiar abrazarnos,

y ver que nos une una férrea confianza.

Nada estaba preparado,

nada de lo que nos ha pasado,

pero lo cierto es que nos necesitamos,

y este afecto es lo que esperábamos.

No sabemos lo que puede ocurrir,

no sabemos que puede pasar,

pero juntos lo podemos descubrir,

mientras nos queramos amar.

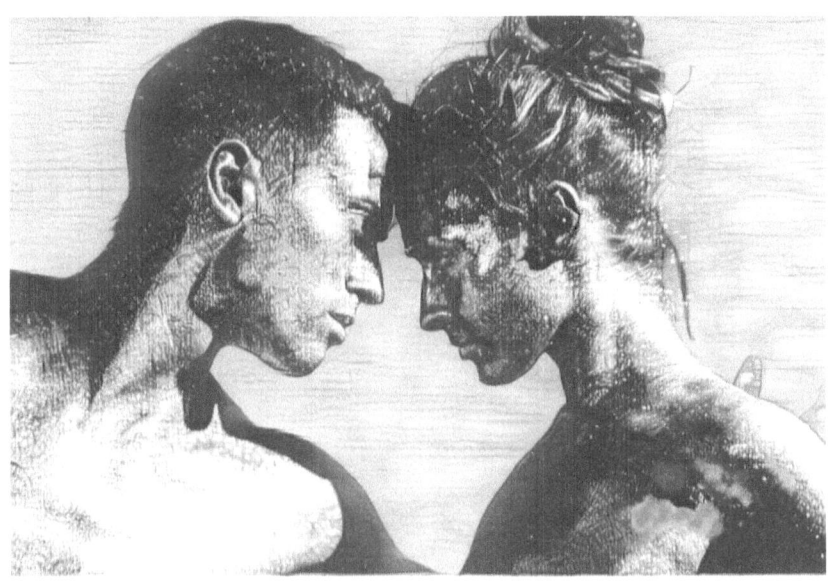

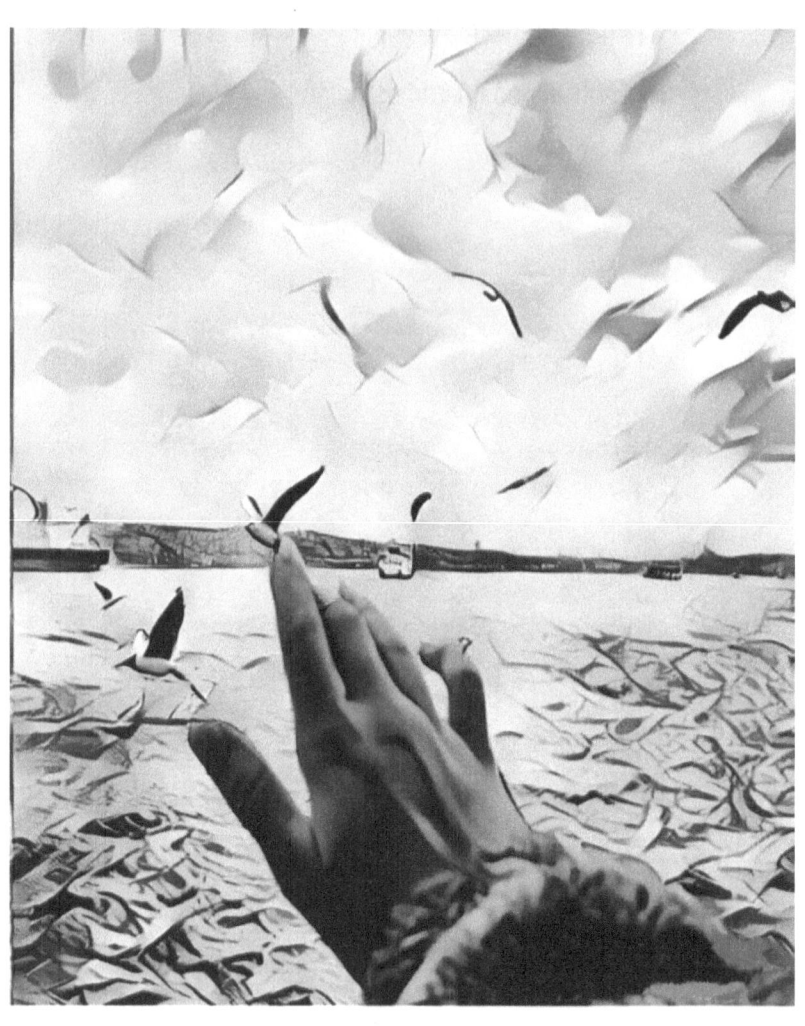

Curar heridas

Oscuro mar de sombras.
Tinieblas en la noche.
Rumor de voces nuevas.
Miedo a otros reproches.

Pisar con vigor y decisión.
Confiar en volver a percibir esa ilusión.
Decidir mi vida y sino,
sin dejar influenciarme por otra opinión.

Un nuevo confín iluminado.
Experimentar con intensidad los detalles.
Disfrutar el cariño desinteresado.
Asumir con madurez las verdades.

Basta de hacer más daño,
a quien con delicadeza me ha acogido.
Me queda el corazón compungido,
por quien distingo un aprecio extraño.

Esta es mi lucha por sobrevivir,

y sin querer te rodea a ti.

Siento que mi pesar te pueda influir,

pero ahora esto es lo que forma parte de mí.

No sé si lo que nos une,

es normal o está fuera de la realidad.

Nadie debe juzgar lo que sucede,

pues no conocen nuestra confianza y sinceridad.

Si esta fuerza que ha nacido,

y que a estar juntos nos empuja,

quizá debemos vivir lo que nos ha unido,

mientras dure la magia que nos embruja.

Vacío interior

Conseguir visiones del futuro,

y tener en el presente sensaciones,

de caminos de estrellas fugaces,

y océanos de un recuerdo profundo.

Lágrimas resbalando en una mente agotada.

Palabras inexplicables en la triste mirada.

Latidos de anhelo en el pecho guardados.

Labios por el cansancio enmudecidos.

Una ventana al hoy o al mañana que se marchan.

Puertas de oportunidades que se cierran.

Pasos conocidos que se alejan.

Vestigios de huellas que se borran.

Abrazos al eterno vacío.

Detener la vida con la muerte.

Cerrar los ojos al olvido,

y apresar el último aliento inerte.

Todo quietud alrededor,

cuando la tormenta esta en el interior.

Todo sigue su curso impasible,

ignorando si se lucha por un imposible.

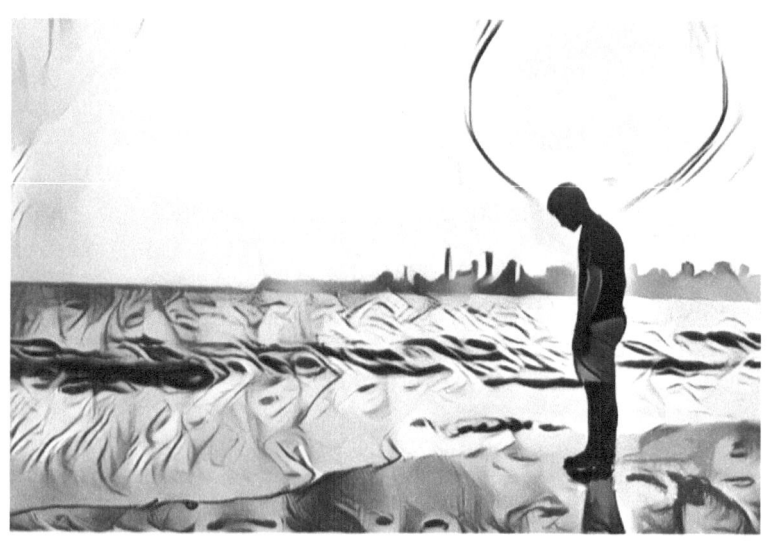

Algo especial

En la fría conexión de la vida,
perdida en conversaciones superficiales,
encontré un halo de luz cálida,
que me hizo tener reacciones especiales.

Conocimos nuevos caminos.
Desvelamos nuestras almas.
Olvidamos la idea de rendirnos,
uniendo nuestras mentes apenadas.

En nuestro abrazo del encuentro,
compartimos una energía pura.
Algo sentí muy dentro,
que aunque pase el tiempo perdura.

Sé que es muy importante,
lo que a ambos nos rodea,
pues ante todo sigue adelante,
luchando contra viento y marea.

Hemos construido algo especial,

desconocido para mucha gente.

Nos hemos encontrado mutuamente,

creando un amor incandescente.

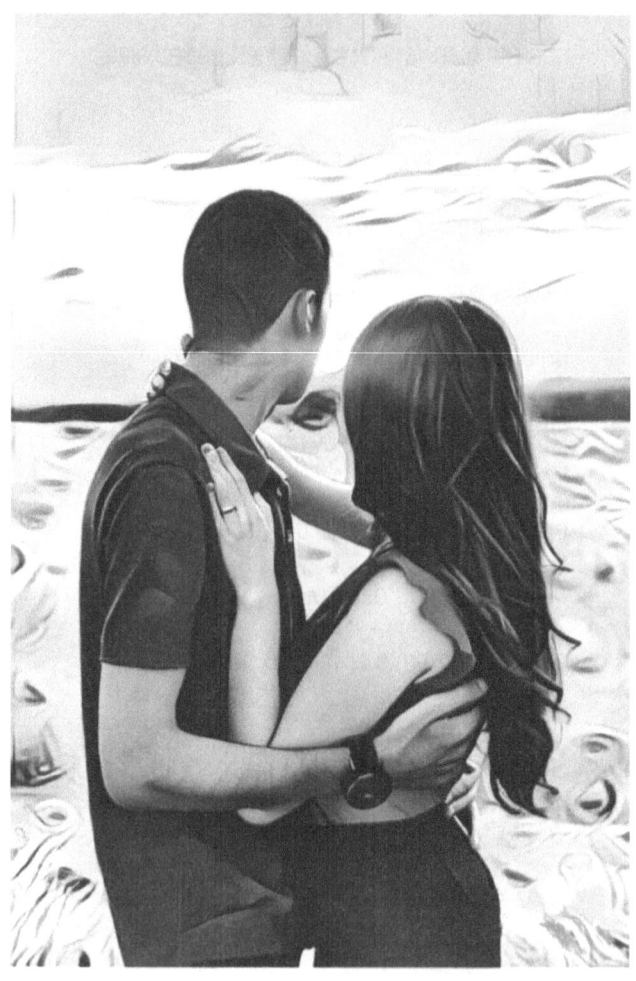

En el cuando

Cuando me detengo en el tiempo,
y encuentro en el espejo la mirada,
siento como si todo hubiera sido un sueño,
como si no pudiera cambiar nada.

Busco momentos en mi mente,
que alimenten mi fuerza interior.
Los que me hicieron ser tan diferente,
y su ausencia ahora me provocan quemor.

No me importa que te arrepientas,
yo nunca podré negar,
que todas mis palabras eran sinceras.
Eras la persona con quien deseaba estar.

Un halo de luz rodea este extraño amor,
que solo es libre en silencio para sentir.
Que solo puede esperar una situación mejor,
para saber si podrá existir.

Cuando enlazamos nuestras manos,

cuando unimos nuestros labios,

cuando nos fundimos en abrazos,

en un solo corazón que antes eran pedazos.

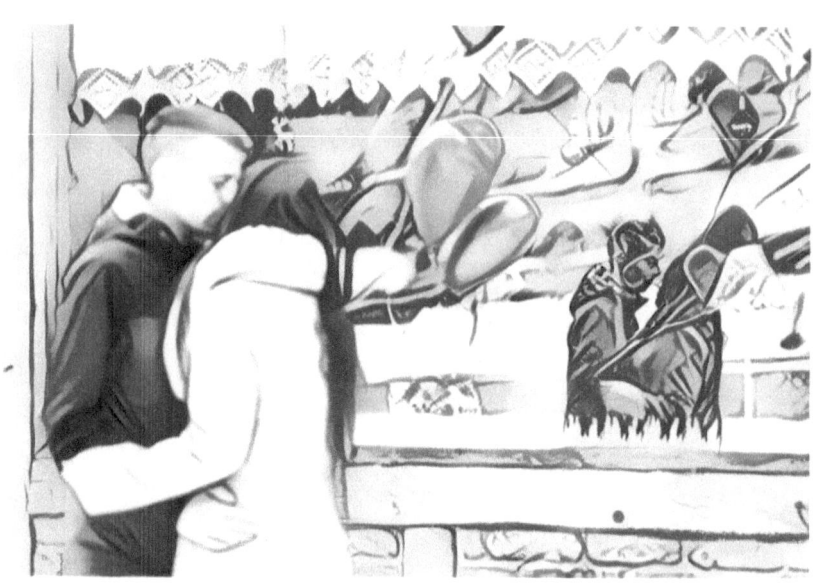

Acompañarte en el camino

A tu paso van cayendo,

de terciopelo, pétalos de rosa,

que tapizan el mullido sendero,

que hasta ti me lleva, mi diosa.

Rompe el frío y duro hielo,

que envolvía mi corazón como una coraza.

Deshaciéndose como manantial azul cielo,

Que baña mis sentimientos sin esperanza.

Te acercas a mí suavemente,

como un amanecer tras la noche.

Despertar a un nuevo día resplandeciente,

con tus brazos alrededor como un broche.

Como las aves migratorias y su sino,

sin pensarlo quiero volar contigo.

Acompañarte andando el camino,

y aliviarte en tu cansancio siendo tu abrigo.

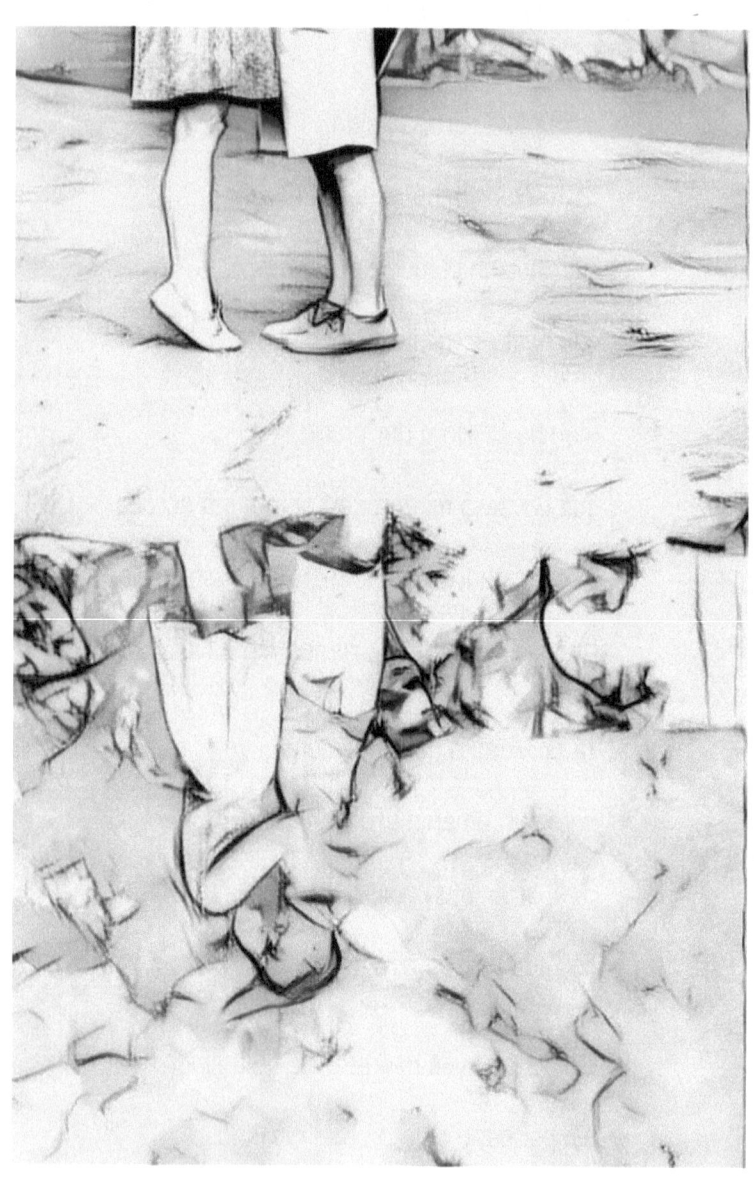

Si tú me dejas

Si tú me dejas,
puedo tragarme tu dolor y amarguras.
Puedo dibujarte un amanecer con tonos rosados,
con mis besos cubriendo tu labios.

Si tú me dejas,
puedo abrazar tus penas,
con mi pasión desmedida ahogarlas,
y del desamor borrar las marcas.

Si tú me dejas,
puedo darte alas para trazar un nuevo derrotero.
Puedo arrancar la desilusión que corre por tus venas.
Llenarte con todo mi amor como si fuera el primero.

Si tú me dejas,
lucharé contra todos tus oscuros fantasmas.
Sólo, si tú me dejas.

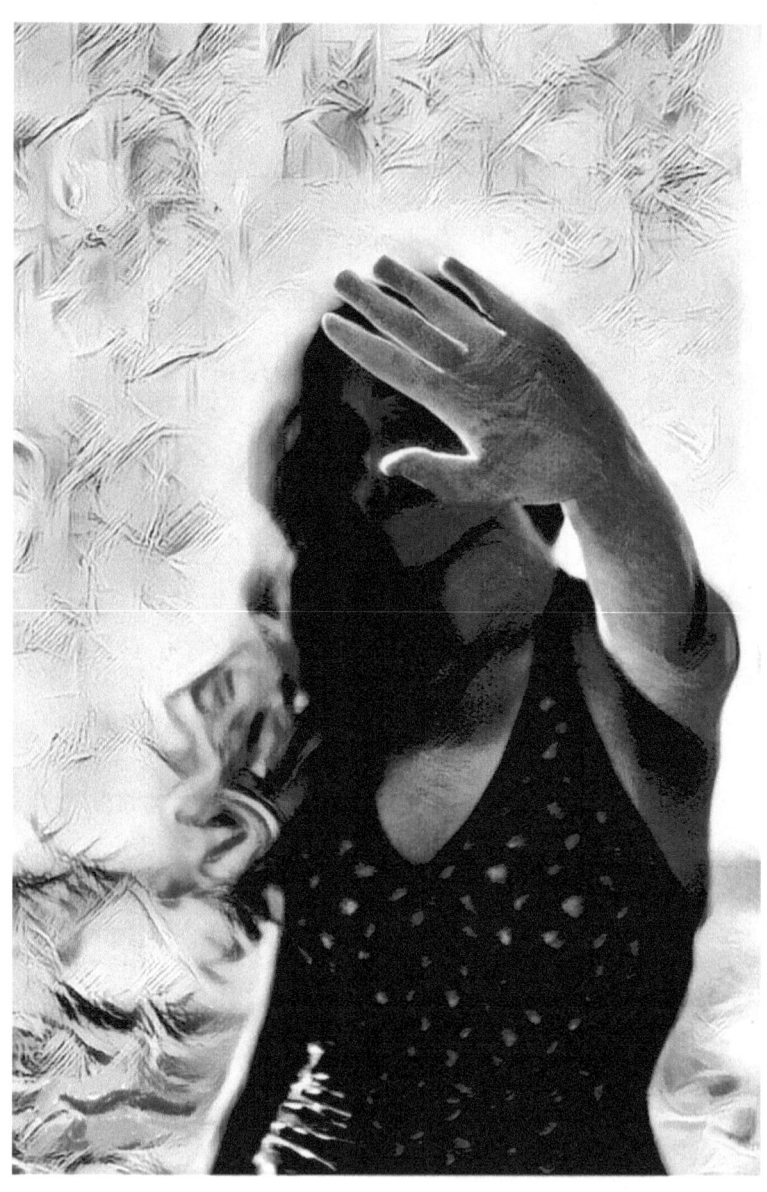

Maldita timidez

Arrastro por la ruta de mi existir,
esa emoción no vivida, ese deseo no cumplido.
Si supieras que mirarme en tu ojos ilumina todo mi ser.
Si tan solo imaginaras que una sonrisa tuya es elixir,
que abre un horizonte lleno de emociones para crearlas a tu lado.

Mi respiración se entrecorta cuando te diriges a mí,
y una sonrisa boba aparece en mi cara.
Ambición de que ese instante se alargue hasta el infinito,
mientras me digo que esta vez me atreveré, por fin.

Tiemblo pensando que el golpear de mi corazón desbocado,
llegue a tus oídos desvelando el delirio que despiertas.
Como gata en la noche, mis pupilas están dilatadas.
Te observan y anhelan que te quedes aquí, a mi lado.

Maldita timidez y absurdo temor al rechazo,
que me impide dirigirte una palabra insinuante,
que delate que eres mi causa perturbante.
¿Cómo explicarte que me has provocado un flechazo?

Te observo de soslayo para llenarme de tu esencia,
para poder subsistir hasta la próxima vez.
Si supieras lo que desatas con tu influencia...
Veo tu esbelta figura pasar y no logro vencer mi timidez.

Tengo celos de las sonrisas que regalas,
de los roces de tu mano en otras mejillas.
Si hacia mí se te escapara un abrazo,
me enredaría en ti y con un baile sin fin,
te llevaría flotando por la vereda del deseo,
embriagados en éxtasis como la luna en su apogeo.

Mientras tanto, pienso en mi delirante quimera,
sonriendo cuando escucho tu voz otra vez.
Soñando liberar algún día a mi pantera,
y me atreva a vencer mi maldita timidez.

Navegar en tu mar

Apareces y creo que eres una suave brisa primaveral,
que remueve mis prejuicios y mis creencias.
Me arrastras hacia tu melancolía glacial,
y mi alma solitaria quiere consolarte, arrancarte una sonrisa.

Me estremezco escuchando tus palabras como música al viento,
pero un puño desolador de impotencia me presiona el pecho.
Las batallas de tu vida te han convertido en un ser gris y maltrecho.
«Ya solo espero la muerte», me dices, sin fe y sin aliento.

Me quedo como un valle que ha sido por un incendio arrasado,
estéril y sin argumentos.
Ahora sé que no voy a poder hacer nada.
Mi lucha, antes de comenzar, ya está perdida.
Intento respirar y no perecer en tu mar de triste oscuridad.

Por un momento consigo una bocanada de aire cálido,
que ensancha mis pulmones compungidos.

Quiero mirarte a los ojos para decirte que no estés dolido,

que estoy aquí, no te soltaré y de la mano iremos unidos.

Quiero acariciar tu vida como se venera una bella flor,

pero la melodía lánguida de tu voz,

me sumerge de nuevo en una vorágine de olas,

que me arrastran al fondo, a tus tinieblas.

Eres más fuerte que yo, ahora lo sé.

El oscuro reflejo en el agua no miente.

Aquí seguiremos tú y yo meciendo esta sin razón,

hasta que alguien pueda o quiera rescatarnos.

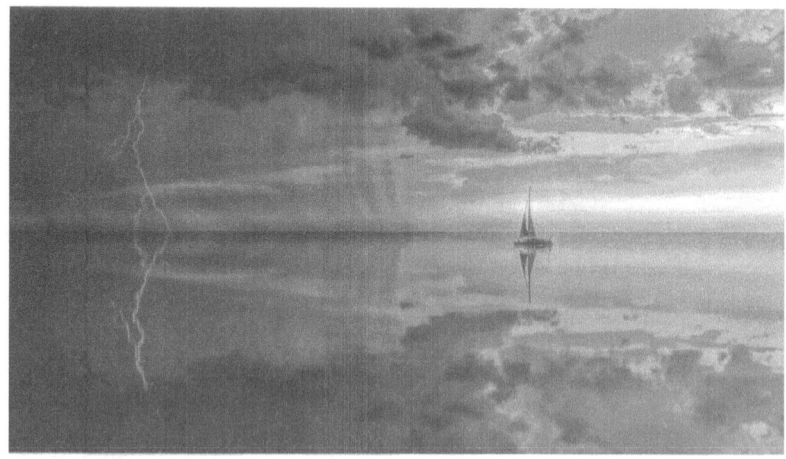

¿A dónde te has ido?

Con un adiós mudo e imprevisto,

se despiden los que de forma inesperada,

abandonan este plano en el que existo,

dejando un vacío y una daga clavada.

Crees que podrás acostumbrarte,

a las pérdidas de tus seres queridos,

pero cuando acecha la negra y fría muerte,

no hay bálsamo para los sentimientos heridos.

¿A dónde te has ido padre?,

que aquí dejaste una huella que perdura.

¿A dónde te has ido madre?,

que tu presencia latente aún continúa.

¿A dónde te has ido mi amor?

¿Cómo gestionar tanto dolor?

En mis sueños os he buscado seres amados,

queriendo encontrar un dulce consuelo.

Os he revivido en mis recuerdos.

Es todo lo que me queda para soportar este eterno duelo.

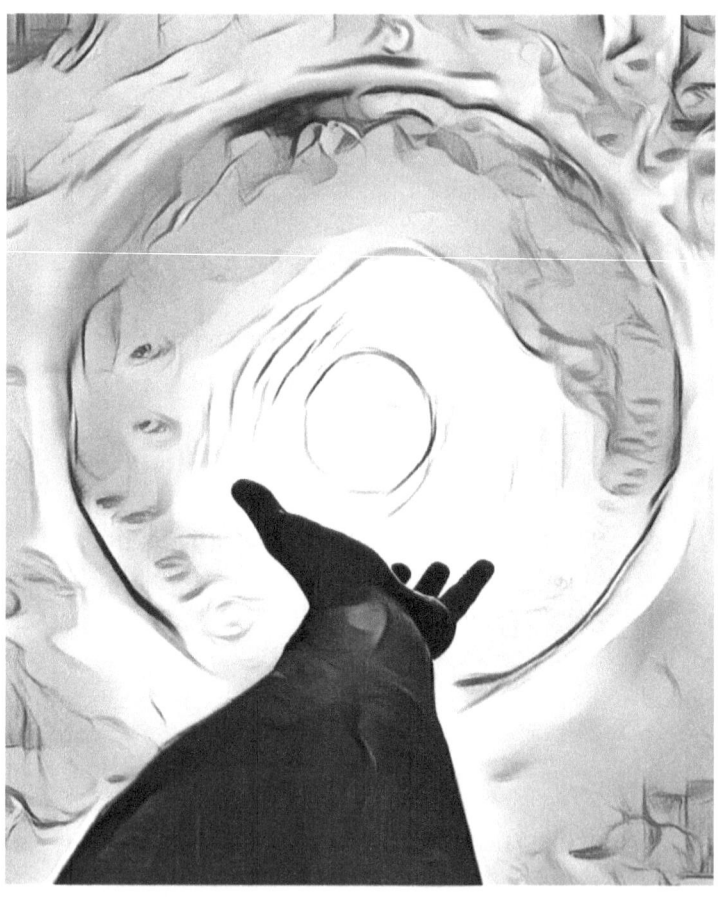

Ahora yo soy

Despierto y un ardor sofocante me invade a pisotones.
Se agolpan de repente un sinfín de sensaciones,
Me angustian y no logro evitar preguntarme,
¿Por qué vienen para atormentarme?

Me doy cuenta, pero no pretendo admitir,
que puedo ser una melodía inacabada,
la parte de una historia sin escribir,
la estrofa de una canción sin terminar.

Necesito ser un alma consciente.
Darme cuenta de lo que realmente soy.
Recibir esa fuerza inusitada, ¡hoy!
Ahora yo soy una energía imparable,
que puede crear una conexión interminable.

Ahora yo soy esa flor que tú no miras,
y que con su sencilla belleza,
llena una medida única e irremplazable.

Ahora yo soy como esas ramas ignoradas,
pero que se mecen al viento con entereza,
esperando nuevos y mágicos aromas.

Ahora yo soy ese pensamiento,
que sin esperarlo entra en tu mente.
Te provoco una mirada perdida, sostenida en el tiempo,
esperando una respuesta de forma inconsciente.

Ahora yo soy un gemido que exhalas,
queriendo recobrar la calma que robó un triunfador,
la que perdiste cuando se apagó el amor,
cuando te diste por vencida una vez más.

Ahora yo soy esa lágrima que resbala,
dejando un camino salado en tu cara.
No llores por lo que ha sido.
Ahora te toca a ti, volver a ser.

Muérdeme

Acércate y mírame, ingrato.
Aprecia mi color que con los rayos del sol cambian de tonalidad.
Mi aroma intenso llega a tu olfato.
Solo tienes que aspirar lento y con profundidad,
para embriagarte de mí y saciar tu deseo innato.

Tócame, sin dejar de sostenerme,
para que puedas percibir que soy escurridiza.
Si me presionas puedo desvanecerme,
y escapar de entre tus manos como ave huidiza.

Suavemente entre tus dedos,
acaríciame con delicadeza.
Soy capaz de brillar hasta cegar tus ojos,
si consigues quitar esa capa de prejuicios empolvados,
y de desaires incrustados.

Muérdeme con ansia renovada.
Nota como inunda tu boca toda mi esencia.

Cómo lleno de dulzor tu paladar,

mientras una traicionera acidez,

comienza a mezclase con tu saliva de mar.

Ya está, lo conseguí, formo parte de ti.

Tú y yo somos uno. Y ahora, muere por mí.

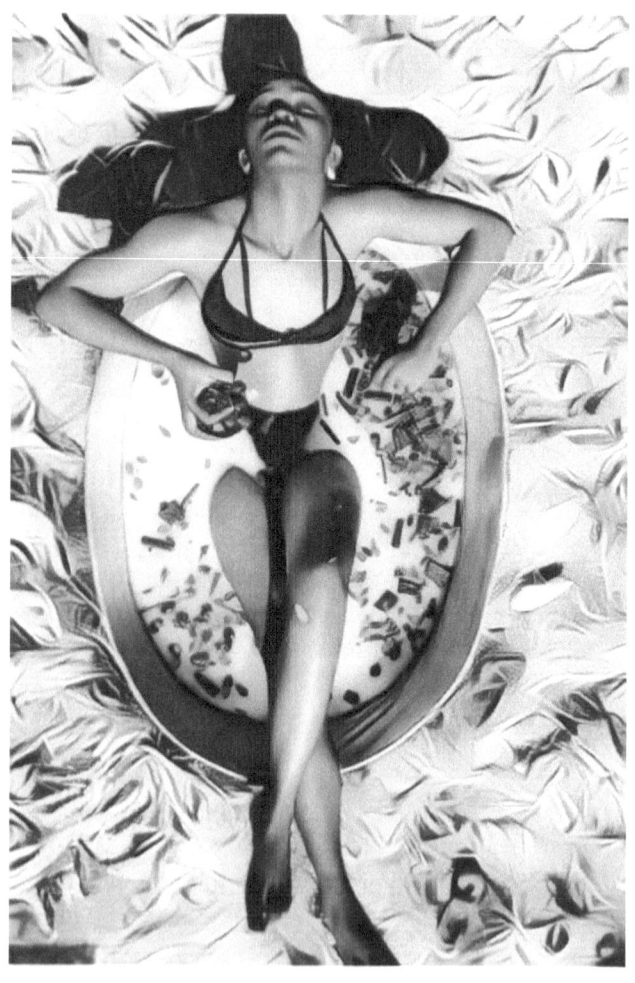

Respirar y confiar

Un destello rutilante en la mirada,
agoniza mientras espera tu señal.
Comienza a alzarse una barricada,
para mantenerte cuerda frente al umbral.

Concentrada, sin perder los nervios,
respirar y confiar en lo que ha de venir.
Siempre hay temblor en los momentos previos
de una gran transformación en el existir.

Serena y firme en este instante,
ve desenredando los nudos con trazo constante.
Encara y fija tus velas hacia el norte,
navega con dignidad, ya no eres una estrella errante.

No cambies más de rumbo como el viento,
esta vez será distinto,
soy tu corazón y no te miento,
saldrás de este enmarañado laberinto.

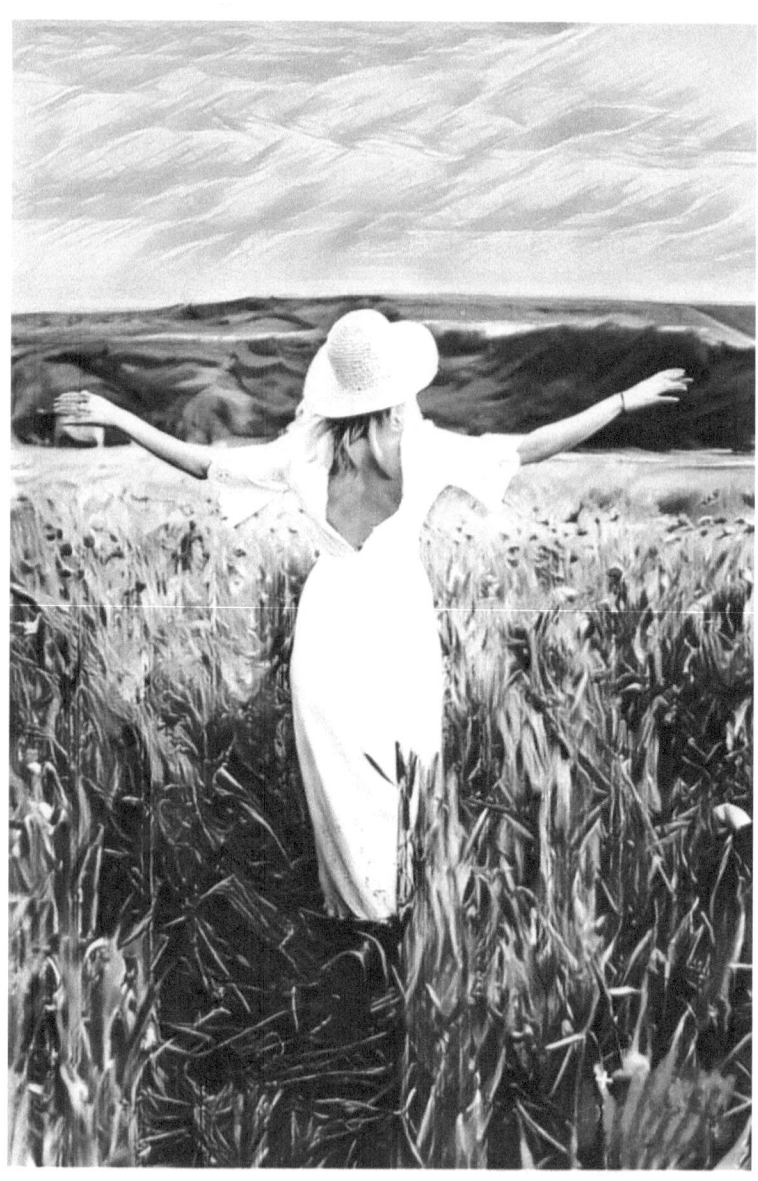

En alas del pensamiento

En alas del pensamiento,
imaginaste cómo sería el amor.
Recogiste con gracia tu vestido,
y acentuaste en tus labios el color.

Te enamoraste o eso creías,
cuando por sus bromas sonreías.
Por agradarle, a todas sus maneras te amoldaste,
y con velos, pequeñas decepciones encubriste.

Te estabas engañando, pero confiabas.
Confiabas en que la intensidad de tu amor lo cambiaría.
Que tus habilidades "camaleónicas" obligadas,
lograrían que se esforzara en dar lo que recibía,

Mientras asentías y cedías,
su rostro, su mirada se iluminaba.
Si contradecías sus razones o ideas,
de su voz la discusión se apoderaba.

Soportaste desaires y reprimendas,
tratándote incluso como a una niña ignorante.
Lo sobrellevaste por llevar esa unión adelante.
Cada vez eras menos fiel a ti cuanto más te dabas.

Llegó el día que tu cuerpo dijo ¡basta!
Tu razón se desbocó como caballo salvaje,
y se ausentó de la realidad, se evadió de forma nefasta,
para que despertaras al ver que no vivías en tu traje.

Te habías dejado moldear a su estilo,
anulada y pequeña para tomar decisiones.
Hasta que una voz interior gritó bien alto,
que merecías elegir, hacer respetar tus razones.

A ti mujer libre, mujer empoderada,
lucha por tus metas y sueños dorados.
Quien no te valora no merece tus esfuerzos.
Sabes que es mejor estar sola, que mal acompañada.

ACERCA DE LA AUTORA

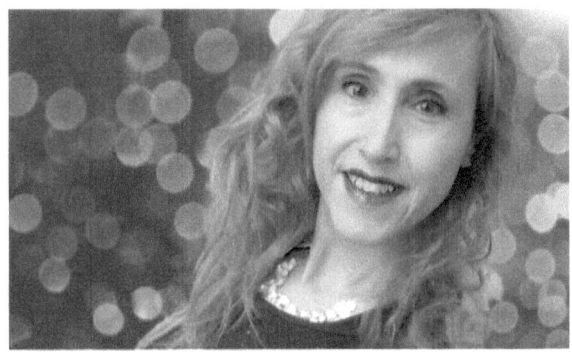

Amante de los libros y lectora ansiosa desde que recuerda, **Lina M. Ballester** ha devorado novelas tanto de misterio, como de romance, aventuras, históricas de ficción e incluso de autoayuda.

Desde los trece años ya escribía poesía y su primera novela corta no publicada. A los quince años retomó la escritura en la forma de una historia que quedó concluida como borrador. Nunca ha dejado de escribir poemas que brotan de su mente cuando la vida la sacude, para bien o para mal.

Esta es la recopilación de los versos y poesías que han ido sembrando el camino de su existir. Hablan de ilusiones, de tristeza, de pérdidas y de amor. Todo lo que remueve los sentimientos y nos hace vibrar en todos los sentidos.
Su deseo es que os gusten y os dejéis perder entre sus líneas.

Podéis seguirla en:
                Instagram: @pamaba_entrelineas
                Facebook: MBallesterLina
                Web: www.linamballester.es

www.ingramcontent.com/pod-product-compliance
Lightning Source LLC
Chambersburg PA
CBHW020440220526
45464CB00002B/786